prima.

FREIARBEIT 2

C. C. Buchner

prima.palette

Herausgegeben von Clement Utz (Regensburg).

prima. Freiarbeit 2 wurde erarbeitet von
Elfriede Wohlgemuth (Mannheim) und Barbara Zeller (Mannheim).

Über weiteres fakultatives Begleitmaterial zu prima informiert Sie
C.C. Buchners Verlag · Postfach 1269 · D 96003 Bamberg.

1. Auflage 1 ^{654321} 2013 12 11 10 09 08
Die letzte Zahl bedeutet das Jahr dieses Druckes.
Alle Drucke dieser Auflage sind, weil untereinander unverändert, nebeneinander benutzbar.

www.ccbuchner.de

Lektorat: Jutta Schweigert
Layout, Satz und Illustrationen: tiff.any GmbH, 10999 Berlin
Druck und Bindung: creo Druck & Medienservice GmbH, Bamberg

ISBN 978-3-7661-5037-0

1. Einführung

1.1 Grundlegende Gedanken zum Thema Freiarbeit

War Freiarbeit zunächst als didaktisches Konzept der Grundschulpädagogen verpönt, hat sie seit den achtziger Jahren des letzten Jahrhunderts auch in vielen Bereichen des gymnasialen Unterrichts Einzug gehalten. Und das zu Recht!

Da sich die Gesellschaft, in der wir leben, in einem ständig fortschreitenden, raschen Wandel befindet, verändern sich natürlich auch die Schülerinnen und Schüler. Als Illustrationen seien nur einige Stichworte genannt wie zunehmende Individualisierung, Veränderung der Familienstruktur, massive Medienpräsenz oder Kommunikationszeitalter.

Um im Unterricht auf diese Entwicklung zu reagieren, erscheint eine mögliche Lösung der Einsatz von handlungsorientierten Unterrichtsformen zu sein, der der zunehmenden Verschiedenheit der Schüler in hohem Maß entgegenkommt.

Dieser ermöglicht es dem Lernenden

- sein Lernen (mit gewissen Einschränkungen) selbst in die Hand zu nehmen, Lernprozesse nachzusteuern, Lernstrategien und Arbeitstechniken zu finden und dadurch *Selbständigkeit* und *Methodenkompetenz* zu erwerben
- durch die Auseinandersetzung mit anderen in Partner- oder Gruppenarbeit *Kommunikationsfähigkeit* und andere *soziale Kompetenzen*, wie *Teamfähigkeit, Einhaltung von Regeln und Höflichkeit* zu erlernen
- durch selbständiges Evaluieren der eigenen Leistung und Entwickeln eigener Interessen *Verantwortungsbewusstsein, Fähigkeit zur Selbstkritik* und *Durchhaltevermögen* zu erwerben
- durch das individuelle Herangehen an verschiedenartige Aufgaben *Problemlösestrategien* und *Kreativität* zu entwickeln

Handlungsorientierter Unterricht trägt sicherlich dazu bei, ein förderliches Lernklima zu schaffen, doch darf dabei nicht vergessen werden, dass zu einem umfassenden und vielfältigen Lernangebot genauso die Erfahrungen des traditionellen Frontalunterrichts gehören. Entscheidend ist, die jeweilige Methode auszuwählen und dem Bildungsziel anzupassen, sodass eine Kombination von lehrerzentriertem und handlungsorientiertem Unterricht sinnvoll erscheint.

1.2 Vertiefende Arbeit – eine Form der Freiarbeit

Freiarbeit, wie sie in diesem Heft vorgestellt wird, ist nicht uneingeschränkt frei. Vielmehr wählen die Schüler aus einem Angebot von vertiefendem Übungsmaterial nach bestimmten Vorgaben (s. Kopiervorlage Jahresplan, S. 10) unterschiedliche Aufgaben aus, die sie zeitgleich bearbeiten.

Sie sind bei dieser Form der Freiarbeit, die vertiefende Arbeit genannt wird, frei in

- der Wahl des Materials
- der Bestimmung des Lerntempos
- der Entscheidung über die Entgegennahme von Hilfestellung
- und teilweise in der Wahl der Sozialform

Diese Form der Freiarbeit dient vor allem dem nachhaltigen Üben von Lernstoff, der auch nach längerer Zeit noch parat sein soll und durch das immer wieder stattfindende Wiederholen im Gedächtnis gehalten und verankert wird. Dazu ist es sinnvoll, Freiarbeitsstunden alle ein bis zwei Wochen einzuplanen. Selbstverständlich eignen sich Freiarbeitsstunden auch als gezielte Übungsphasen vor Lernzielkontrollen oder als sinnvolle Beschäftigung in Vertretungsstunden.

Diese vertiefende Arbeit unterscheidet sich von der uneingeschränkten Freiarbeit darin, dass

- sie auf einen Zeitrahmen von 45 Minuten begrenzt ist
- sie sich nur auf ein Fach bezieht und nicht fächerverbindend eingesetzt wird
- Regeln für die Zusammenarbeit existieren (s. Kopiervorlage, S. 9), die eingefordert und eingehalten werden müssen
- Regeln für die Erledigung der Aufgaben (s. Kopiervorlage Jahresplan, S. 10) und Arbeitsanweisungen (s. Kopiervorlage, S. 8) vorgegeben sind. Die Erfüllung des Jahresplans motiviert die Schüler, konsequent und konzentriert zu arbeiten und Aufgaben nicht zu früh abzubrechen oder als beliebig anzusehen. Dem Lehrer ermöglicht er, sich rasch einen Überblick über den Lernfortschritt zu verschaffen oder eventuell einzugreifen, falls ein Schüler sich einseitig auf bestimmte Interessensgebiete konzentriert und andere dafür vernachlässigt.

1.3 Die Rolle des Lehrers

Für den Lehrer bedeutet Freiarbeit die Chance, Schülern die Regie über ihre Lernprozesse wenigstens teilweise zu belassen und selbst vom Druck der alleinigen Verantwortung für die pädagogischen Geschehnisse entlastet zu werden.

Das heißt für den Lehrer, in der Unterrichtsstunde nicht mehr alle Fäden kontrollierend in der Hand zu halten, sondern die zentrale Position aufzugeben und an den Rand zu treten, was zugegebenermaßen schwer fällt. Gleichzeitig eröffnet diese zwangsverordnete Passivität aber auch die Möglichkeit, sich in die Rolle des Beobachters zu begeben und so eventuell bisher unentdeckte Seiten an Schülern zu entdecken und für den weiteren Unterricht zu nutzen oder anders zu bewerten. Zudem ergibt sich so die Chance für den Lehrer, sich einzelnen Schülern ungestört zuwenden und sie gezielt betreuen zu können. Nicht zuletzt sei darauf hingewiesen, dass sich in Freiarbeitsstunden die bei der Vorbereitung geleistete Arbeit darin bezahlt macht, dass sie den beobachtenden Lehrer nun stark entlastet.

1.4 Literaturhinweise

KLIPPERT, HEINZ: Methoden-Training. Übungsbausteine für den Unterricht. Weinheim / Basel [10]1999.

MARKOFF, RENATE / VOLL, ALEXANDRA: Freies Arbeiten. In: Viele Wege führen nach Rom – Methodische Alternativen im Lateinunterricht. Akademiebericht 321. Dillingen 1998.

POTTHOFF, WILLI: Lernen und Üben mit allen Sinnen. Freiburg 1991.

POTTHOFF, WILLI: Von der klassischen Reformpädagogik zur heutigen Schulinnovation. In: Freies Arbeiten. Donauwörth 1994.

SEHRBROCK, PETER: Freiarbeit in der Sekundarstufe I. Frankfurt am Main 1993.

SEVERA, ULRIKE: Schüleraktivierende Unterrichtsmethoden. Freies Arbeiten im Lateinunterricht. In: Auxilia 47: Kreativität im Lateinunterricht. Bamberg 2001.

THAL, JÜRGEN / EBERT, UWE: Methodenvielfalt im Unterricht – mit Lust stressarm und effektiv lernen. Neuwied, Kriftel [2]2001

WESTPHALEN, KLAUS: Lateinunterricht und Neue Lernkultur. In: Antike verpflichtet – Bildung statt Information. DASIU Sonderband 2001.

2. Zu den vorliegenden Materialien

Gerade in der Anfangsphase des Lateinischen Sprachunterrichts ist kontinuierliches Training unbedingt nötig, um Wortschatz- und Formensicherheit zu erreichen und damit eine geeignete Basis für die Arbeit der nächsten Jahre zu schaffen. Trotz des abwechslungsreichen Übungs- und Zusatzmaterials, das Ihr Lehrbuch **prima** bereits bietet, ist es im Rahmen der Methodenvielfalt sinnvoll, handlungsorientierte Aufgaben für das vertiefende Üben in Ihrem Lateinunterricht einzusetzen. Voraussetzung dafür ist allerdings, dass Ihnen geeignete lehrbuchorientierte Materialien in ausreichender Menge zur Verfügung stehen, deren Erstellung sehr zeit- und arbeitsintensiv ist. So ist es sehr verständlich, dass viele Kolleginnen und Kollegen, die an der Methode an sich interessiert sind und sie auch gerne einsetzen würden, den Einstieg in die Freiarbeit bisher scheuten. Der vorliegende Band **prima – Freiarbeit 2** baut auf den ersten Band auf und bietet für die Lektionen 16 bis 30 Materialien zur Wortschatz- und Grammatikarbeit an.
Für diejenigen Kolleginnen und Kollegen, die noch wenig oder keine Erfahrung mit Freiarbeit haben, hier ein paar Tipps für die Umsetzung:

- Auf S. 9 finden Sie **Regeln für die Freiarbeit**, die Sie mit den Schülerinnen und Schülern vor Beginn der Arbeit besprechen und im Klassenzimmer aushängen oder den einzelnen Schülerinnen und Schülern an die Hand geben sollten.
- Setzen Sie die Materialien erst ein, wenn Sie eine Lektion vollständig abgeschlossen haben. Erfahrungsgemäß empfiehlt sich ein Intervall von zwei Wochen zwischen den einzelnen Freiarbeitsstunden, in denen die Schülerinnen und Schüler selbständig die zu bearbeitenden Materialien wählen. So vergehen zwischen der Einführung und dem ersten Üben neuer Formen und Vokabeln und der Wiederholung mit Hilfe der Freiarbeitsmaterialien einige Wochen, was die Nachhaltigkeit des Trainings fördert.
- Bei der Auswahl sollten sich die Schülerinnen und Schüler an ihrem **Jahresplan** orientieren, den Sie als Kopiervorlage auf S. 10 finden. Er ist nach Lektionen und einzelnen Übungsformen unterteilt. Sie können vor der Ausgabe des Jahresplans selbst entscheiden, ob alle Aufgabenformen obligatorisch sind oder ob Sie bestimmte Aufgabentypen (wie z.B. „Lege et pinge") als zusätzliche freiwillige Aufgaben vorsehen. So könnten Sie besonders motivierten und leistungsstarken Schülern weitere Aufgaben zukommen lassen.
- Diesen Jahresplan sollten die Schülerinnen und Schüler im Freiarbeitsordner oder -heft einheften oder -kleben, damit er in jeder Freiarbeitsstunde zur Hand ist. Damit kontrollieren die Schülerinnen und Schüler ihren Lernfortschritt selbst. Die Planerfüllung ist dabei eine nicht zu unterschätzende Motivationshilfe.
  Außerdem dient der Plan Ihnen zur Kontrolle und zeigt Ihnen, wie konzentriert die einzelnen Schülerinnen und Schüler arbeiten.
- Ein Exemplar der „Spielregeln", d. h. der **Anleitungen**, nach denen die verschiedenen Aufgabentypen erledigt werden müssen, sollte in jeder Freiarbeitsstunde parat liegen, damit sich die Schülerinnen und Schüler vergewissern können, ob sie bei der Bearbeitung der Aufgaben richtig vorgehen (s. Kopiervorlage auf S. 8).
- Für die Zuordnung der Materialien zu den einzelnen Lektionen ist es hilfreich, die Aufgaben jeder Lektion auf andersfarbiges Papier zu kopieren und die Kopien dann zu laminieren, um das Material haltbarer zu machen. Für die Aufbewahrung eignen sich Plastiktüten mit Falzverschluss für die einzelnen Aufgaben, eventuell Plastikkästchen für das „Trimino" und für die Materialien einer oder mehrerer Lektionen Pappschachteln, die sich gegebenenfalls unterteilen lassen. In diesen Pappschachteln können Sie den Schülerinnen und Schülern das Material mehrerer Lektionen präsentieren.
- Die „Einkaufsliste" zur Herstellung des Materials finden Sie bei der Vorstellung der Aufgabentypen (S. 6).

Alle vorgestellten Materialien sind in der Praxis erprobt und haben sich bewährt, da Schülerinnen und Schüler mit großer Begeisterung und sehr motiviert damit arbeiten und sich auf Freiarbeitsstunden freuen, was sonst bei Übungsstunden nicht immer der Fall ist.
Die **prima**-Freiarbeitsmaterialien sollen nur ein Angebot an Sie darstellen und können von Ihnen natürlich jederzeit erweitert oder verändert werden. Lassen Sie sich nicht bremsen!

3. Aufgabentypen

Im Folgenden finden Sie eine Übersicht über die angebotenen Übungsformen und darüber, welcher Vorbereitung Ihrerseits es noch bedarf, bevor Ihre Schülerinnen und Schüler „loslegen" können. Da einiges zu tun ist, empfiehlt es sich, mit Fachkolleginnen und Fachkollegen ein Team zu bilden. So geht die Herstellung des Materials schneller von der Hand und macht bestimmt auch mehr Spaß.

Sie benötigen für jede Lektion:

- buntes Kopierpapier (eine Farbe pro Lektion)
- Druckverschlussbeutel in verschiedenen Größen
- evtl. für kleinteilige Aufgabentypen kleine Schachteln
- Laminiergerät und -folien (DIN A 4)
- Schneidemaschine
- Etiketten-Aufkleber für die Tüten
- 3-4 wasserlösliche Folienstifte (Stärke S oder F)

Was ist zu tun?

- Kopieren Sie alle Vorlagen (auch für die Lösungen) in der von Ihnen für die jeweilige Lektion gewählten Farbe. Die Einhaltung der Farben ist wichtig, da durch sie die einzelnen Lektionen unterschieden werden.
- Laminieren Sie die Kopien und schneiden Sie sie anschließend – am besten mit einer Schneidemaschine – zurecht.
- Geben Sie die Karten/Kärtchen der verschiedenen Aufgaben in passende Tüten und versehen Sie sie mit Etiketten, die den Namen der Übung tragen.
- Kopieren Sie gegebenenfalls die Arbeitsblätter in ausreichender Zahl.

3.1 Formenwürfeln

Mit dem Verben- bzw. Substantivwürfeln wird die Bildung von Verbformen in allen Tempora und von Substantivformen in allen Kasus geschult.
Zusätzlich zu den oben erwähnten Materialien benötigen Sie

- 8 größere Blanko-Holzwürfel
- Beschriftung der Würfel (s. Kopiervorlage S. 11) oder Folienstift
- Arbeitsblatt für Schülerinnen und Schüler (s. Kopiervorlage S. 12)

3.2 Trimino

Mit dem Trimino werden die Vokabelkenntnisse gefördert. Die Schülerinnen und Schüler arbeiten allein oder mit einem Partner nach der Arbeitsanleitung.

3.3 Welche Lösung stimmt?

Mit dieser Aufgabenform wird das genaue Hinsehen und Unterscheidungsvermögen der Schülerinnen und Schüler gefördert. Diese Übung sollte in Einzelarbeit erledigt werden. Dabei arbeiten die Schülerinnen und Schüler nach der Arbeitsanweisung.

3.4 Übersetzung

Mit kurzen, auf die jeweilige Lektion abgestimmten Texten wird durch diese Übersetzungsübung das Entschlüsseln lateinischer Texte und das Ausdrucksvermögen im Deutschen trainiert. Die Schülerinnen und Schüler arbeiten alleine oder mit einem Partner.

3.5 Lege et pinge!

Hier wird auf kreative und z. T. lustige Art und Weise ähnlich wie bei der Übersetzungsübung die Übersetzungsfertigkeit und das Leseverständnis der Schülerinnen und Schüler geschult. Sie arbeiten dabei nach Arbeitsanweisung in Einzelarbeit und sollten im Anschluss in der Lage sein, der Lehrerin/dem Lehrer zur Kontrolle zu beschreiben, was sie gemalt haben.

3.6 Übungen

Hierbei handelt es sich um Übungen, die den Grammatikstoff der jeweiligen Lektion trainieren. Dabei arbeiten die Schüler alleine oder mit einem Partner nach Arbeitsanweisung.

3.7 Hürdenlauf

Mit dieser Übung, bei der die Schülerinnen und Schüler alleine arbeiten, wird der Wortschatz der einzelnen Lektionen gefestigt. Achten Sie darauf, dass Ihre Schülerinnen und Schüler die Karten wieder säubern, bevor sie sie zurücklegen. Dafür eignet sich ein feuchtes Tuch oder ein kleiner Schwamm.

An dieser Stelle sei auch noch auf weitere Materialien des C.C. Buchner Verlages zu **prima** hingewiesen, die sich für den Einsatz in Freiarbeitsstunden eignen:

- LÜK-Kasten mit Arbeitsheften
- Rätselhefte
- Vokabelkartei

Aufgabentypen

1. Übersetzung

Übersetze den Text allein oder mit einem Partner. Danach überprüfst du mit der Lösung dein Ergebnis.

2. Welche Lösung stimmt?

Finde heraus, welche die richtige der angegebenen Lösungen der gestellten Aufgabe ist und markiere das entsprechende Kästchen. Notiere den in diesem Kästchen vermerkten Buchstaben auf der passenden kurzen Linie unten auf dem Aufgabenblatt. Wenn du richtig löst, ergibt sich ein lateinischer Lösungssatz oder -wort. Arbeite dabei alleine.

3. Trimino

Lege jeweils die entsprechenden deutschen und lateinischen Wortbedeutungen aneinander, so dass sich bei richtiger Lösung eine geometrische Figur ergibt, die du im Lösungsteil findest. Du kannst allein oder mit einem Partner arbeiten.

4. Hürdenlauf

Schreibe mit einem der Folienstifte, die dir deine Lateinlehrerin/dein Lateinlehrer zur Verfügung stellt, die Wortbedeutungen in die Kästchen in der rechten Spalte. Wenn es mehrere Wortbedeutungen gibt, schreibe alle auf, die dir einfallen. Danach kontrollierst du dich mit der Kontrollleiste. Arbeite dabei alleine.

5. Übungen

Erledige die gestellte Aufgabe alleine. Danach kontrolliere dich mit dem Lösungsblatt.

6. Lege et pinge!

Lies die lateinischen Sätze und versuche das, was du gerade gelesen hast, zu malen. Arbeite dabei alleine.

7. Formenwürfeln

a) Verbenwürfeln
Ziehe ein Verbkärtchen. Würfle immer zuerst mit Würfel 1, bei Lektion A22 + B23 nimmst du auch noch Würfel 2.
Du kannst allein oder in einer Gruppe von bis zu 5 Personen arbeiten. Nach dem Würfeln notierst du das Würfelergebnis auf dem Arbeitsblatt, bildest die geforderte Form und notierst sie ebenfalls auf dem Blatt. Dann übersetzt du sie.
Wenn du keinen Partner hast, korrigiert deine Lateinlehrerin/dein Lateinlehrer das Ergebnis.

b) Substantivwürfeln
Ziehe ein Substantivkärtchen. Würfle immer mit beiden Würfeln.
Du kannst allein oder in einer Gruppe von bis zu 5 Personen arbeiten. Nach dem Würfeln notierst du das Würfelergebnis auf dem Arbeitsblatt, bildest die geforderte Form und notierst sie ebenfalls auf dem Blatt. Dann übersetzt du sie.
Wenn du keinen Partner hast, korrigiert deine Lateinlehrerin/dein Lateinlehrer das Ergebnis.

Kopiervorlage

Regeln für die Freiarbeit in der Klasse

In der Freiarbeit soll man lernen, allein und selbstständig zu arbeiten. Damit das auch klappt und nicht alles drunter und drüber geht, müssen Regeln verabredet und natürlich auch eingehalten werden.

- Eine Arbeit muss erst beendet sein, bevor du mit einer neuen beginnst.
- Arbeite sorgfältig und ordentlich.
- Gehe nur durch die Klasse, wenn du einen Grund hast. Gehe leise.
- Störe die anderen nicht bei der Arbeit.
- Bei Fragen zuerst die Arbeitsanweisung noch einmal lesen, erst dann Mitschüler oder Lehrer fragen.
- Räume das Material sorgfältig weg.
- Trage deine Arbeitsergebnisse in dein Heft bzw. deinen Ordner ein.
- Vergleiche deine Lösung mit der Musterlösung und korrigiere dich, falls notwendig.
- Trage erledigte Aufgaben in den Jahresplan ein.

Regeln für die Freiarbeit in der Klasse

In der Freiarbeit soll man lernen, allein und selbstständig zu arbeiten. Damit das auch klappt und nicht alles drunter und drüber geht, müssen Regeln verabredet und natürlich auch eingehalten werden.

- Eine Arbeit muss erst beendet sein, bevor du mit einer neuen beginnst.
- Arbeite sorgfältig und ordentlich.
- Gehe nur durch die Klasse, wenn du einen Grund hast. Gehe leise.
- Störe die anderen nicht bei der Arbeit.
- Bei Fragen zuerst die Arbeitsanweisung noch einmal lesen, erst dann Mitschüler oder Lehrer fragen.
- Räume das Material sorgfältig weg.
- Trage deine Arbeitsergebnisse in dein Heft bzw. deinen Ordner ein.
- Vergleiche deine Lösung mit der Musterlösung und korrigiere dich, falls notwendig.
- Trage erledigte Aufgaben in den Jahresplan ein.

Regeln für die Freiarbeit in der Klasse

In der Freiarbeit soll man lernen, allein und selbstständig zu arbeiten. Damit das auch klappt und nicht alles drunter und drüber geht, müssen Regeln verabredet und natürlich auch eingehalten werden.

- Eine Arbeit muss erst beendet sein, bevor du mit einer neuen beginnst.
- Arbeite sorgfältig und ordentlich.
- Gehe nur durch die Klasse, wenn du einen Grund hast. Gehe leise.
- Störe die anderen nicht bei der Arbeit.
- Bei Fragen zuerst die Arbeitsanweisung noch einmal lesen, erst dann Mitschüler oder Lehrer fragen.
- Räume das Material sorgfältig weg.
- Trage deine Arbeitsergebnisse in dein Heft bzw. deinen Ordner ein.
- Vergleiche deine Lösung mit der Musterlösung und korrigiere dich, falls notwendig.
- Trage erledigte Aufgaben in den Jahresplan ein.

Kopiervorlage

Jahresplan prima Freiarbeit 2 Kl. Name:

	Hürdenlauf	Übungen	Welche Lösung stimmt?	Übersetzung	Trimino	Formen-würfeln	Lege et pinge!			
Lekt. 16										
Lekt. 17										
Lekt. 18										
Lekt. 19										
Lekt. 20										
Lekt. A21 + B23										
Lekt. A22										
Lekt. B22										
Lekt. A22 + B23										
Lekt. A23 + B24										
Lekt. A24 + B25										
Lekt. A25 + B26										
Lekt. A26 + B28										
Lekt. A27 + B29										
Lekt. B27										
Lekt. A28 + B30										
Lekt. A29 + B31										
Lekt. A30										

Markiere die erledigten Aufgaben.

Würfelaufschriften

Verbwürfel

Würfel 1	1. Pers. Sg.	2. Pers. Sg.	3. Pers. Sg.	1. Pers. Pl.	2. Pers. Pl.	3. Pers. Pl.
Würfel 2	Perfekt	Perfekt	Imperfekt	Präsens	Plusqpf.	Futur I

Substantivwürfel

Würfel 1	Nominativ	Akkusativ	Genitiv	Dativ	Ablativ	Ablativ
Würfel 2	Singular	Singular	Singular	Plural	Plural	Plural

Kopiervorlage

Formenwürfeln Arbeitsblatt	prima
Lektion:	
Dein Name:	

	Würfelergebnis	Lateinische Form	Übersetzung
Bsp.	clamare: 1. Pers. Sg. Präs. Akt.	clamo	ich rufe, schreie
1			
2			
3			
4			
5			
6			
7			
8			
9			
10			
11			
12			

1 Übung

Übersetze und gib die Sinnrichtung der unterstrichenen Gliedsätze an.

1 Caesar, quamquam uxor eum prohibere studuit, curiam intravit.

2 Cleopatra, quia potentiam Caesaris amavit, Romam venit.

3 Caesar, cum apud Cleopatram est, ei placere studet.

4 Brutus: „Si in curiam non venis, senatores contenti non sunt."

5 Caesar, postquam Cleopatram vidit, eam amavit.

6 Dum Caesar in Aegypto est, multi homines verba vehementia de eo fecerunt.

7 Quod Caesar regnum petivit, senatores eum necaverunt.

2 Welche Lösung stimmt?

Ergänze die passende Form des Adjektivs.

1	verba	vehementi R	vehementia P	vehemens S
2	amico	contenti M	contentis N	contento L
3	copias	ingentes A	ingentem B	ingentis C
4	viri	potens P	potentis R	potenti Q
5	nave	novam M	novi N	nova O
6	auro	pulchri B	pulchro A	pulchros C
7	regnorum	novum E	novi D	novorum C
8	consilio	inimici S	inimico T	inimica R
9	virtutis	verae E	veri G	veris F

Lösung:

☐	☐	☐	☐	☐	☐	☐	☐	☐
7	2	9	5	1	6	8	4	3

3 Formenwürfeln

verbum vehemens	templum ingens	rex potens	magna victoria
navis inimica	mulier contenta	monumentum pulchrum	potentia summa
crimen novum	amicus verus	regnum ingens	exemplum bonum
proelium vehemens	inimicus potens	uxor contenta	magnus imperator

Lösungen

LEKTION 16

1 Übung

1. Caesar betrat die Kurie, obwohl seine Frau sich bemühte, ihn zu hindern/abzuhalten. ⟶ konzessiv | 2. Weil Kleopatra Caesars Macht liebte, kam sie nach Rom. ⟶ kausal | 3. Immer wenn Caesar bei Kleopatra ist, bemüht er sich, ihr zu gefallen. ⟶ temporal | 4. Brutus: „Wenn du nicht in die Kurie kommst, sind die Senatoren nicht zufrieden." ⟶ konditional | 5. Nachdem Caesar Kleopatra gesehen hatte, liebte er sie. ⟶ temporal | 6. Während Caesar in Ägypten war, redeten viele Menschen kritisch über ihn („machten viele Menschen kritische Worte über ihn"). ⟶ temporal | 7. Weil Caesar die Königsherrschaft anstrebte, töteten ihn Senatoren. ⟶ kausal

2 Welche Lösung stimmt?

CLEOPATRA

4 Hürdenlauf

1	Truppen
2	Schiff
3	Körper, Leichnam
4	(Königs-)Herrschaft, Reich
5	Macht
6	während, solange, (so lange) bis
7	da, damals, darauf, dann
8	übertreffen
9	erkennen, genau betrachten, sehen
10	lenken, ordnen
11	hinzufügen, anschließen
12	(zusammen)werfen, folgern, vermuten
13	gewaltig, ungeheuer
14	heftig, energisch, kritisch
15	schön
16	mächtig, stark
17	neu, ungewöhnlich
18	zufrieden
19	sibi adiungere
20	perspicere

5 Übersetzung

Der Tod Caesars

1. Obwohl Caesar alle Senatoren in die Kurie zusammengerufen hatte, wollte er sein Haus nicht verlassen. | 2. Auch Calpurnia, seine Frau, bemühte sich Caesar zurückzuhalten, weil sie die Feinde ihres Mannes fürchtete. | 3. Mit heftigen Worten wollte sie ihn hindern, aber vergeblich. | 4. Nachdem Caesar sein Haus verlassen hatte, kam ein alter Mann auf der Straße an ihn heran und sagte: | 5. „Caesar, höre! Ich habe eine Nachricht, die du sofort lesen musst. Es ist nicht erlaubt zu zögern!" | 6. Aber Caesar las die Nachricht nicht, solange er die Kurie aufsuchte. | 7. Er betrat die Kurie, als ihn plötzlich Senatoren mit Waffen angriffen und töteten. | 8. Später untersuchten Männer seinen Leichnam und fanden die Botschaft. Die Botschaft lautete (sagte): „Senatoren wollen dich heute in der Kurie töten."

6 Trimino

siehe Lösungsheft Seite 14

LEKTION 17

1 Welche Lösung stimmt?

ESQUILINUS

2 Lege et pinge!

Auf dem Bild sollten einige Männer zu sehen sein, wie sie in tiefer Nacht gerade versuchen, in Ciceros Haus einzudringen: dabei sollten sie entweder verkleidet sein oder verstohlen schauen. Des Weiteren sollte man Tiro, Ciceros Sekretär, erkennen können, der lautstark auf die Eindringlinge aufmerksam macht.

3 Übung

1. Scimus nonnullos Romanos Caesarem in curia necavisse. Wir wissen, dass einige Römer Cäsar in der Kurie getötet haben. | 2. Romani Caesarem diu apud Cleopatram fuisse doluerunt. Die Römer litten darunter, dass Cäsar lange Zeit bei Kleopatra gewesen war. | 3. Nemo Caesarem servum Cleopatrae esse dubitavit. Niemand zweifelte daran, dass Cäsar ein Sklave Kleopatras war. | 4. Audivistis Caesarem Aegyptum relinquere noluisse. Ihr habt gehört, dass Cäsar Ägypten nicht hatte verlassen wollen. | 5. Senatores Caesarem morte Pompei contentum non esse putaverunt. Die Senatoren glaubten, dass Cäsar mit dem Tod des Pompeius nicht zufrieden war.

4 Übersetzung

1. Während Proserpina, die Tochter der Göttin Ceres, mit ihren Gefährtinnen auf Wiesen spielte, erkannte Pluto, dass sie ein schönes Mädchen war. | 2. Weil er sie begehrte, ergriff er sie und entführte sie; ihre Freundinnen aber (riefen) mit lauter Stimme (mit lauten Stimmen): | 3. „Göttin Ceres, eile schnell herbei! Hilf uns, hilf uns! Wir glauben, dass ein Dieb deine Tochter entführt hat." | 4. Lange suchte Ceres vergeblich überall Proserpina und fand sie nicht. | 5. Deshalb erledigte sie aus Zorn ihre Aufgaben nicht (mehr): nichts wuchs. | 6. Weil die Menschen aber Nahrung zu sich nehmen mussten, baten sie den Gott Jupiter: | 7. „Jupiter, gewiss hast du bemerkt, dass wir Menschen nicht mehr gesund sind: Denn wir haben keine Speisen mehr. Befreie uns aus unserer Gefahr!" | 8. Nachdem Jupiter gehört hatte, dass die Menschen unglücklich waren, schickte er ihnen sofort Hilfe.

5 Hürdenlauf

1	Kopf, Haupt; Hauptstadt
2	Anführer, Gründer, Ratgeber, Verfasser
3	wegführen
4	eilen, stürmen, stürzen
5	(wieder)finden
6	entreißen
7	beschädigen, verletzen, beleidigen
8	anvertrauen, veranstalten, zustande bringen
9	glauben, meinen; *m. dopp. Akk.* halten für
10	erwerben wollen, suchen
11	wegführen, rauben, wegreißen
12	fragen
13	hinausgehen, weggehen
14	ein Verbrechen begehen
15	einen Krieg beginnen
16	dem Sklaven die Kinder anvertrauen
17	Spiele veranstalten
18	Wir halten Marcus für einen Dieb.
19	Ich glaube, dass Sklaven die Tochter des Herrn rauben.
20	Jeder weiß.

6 Trimino

siehe Lösungsheft Seite 15

LEKTION 18

1 Übung

1. Caupo Lucio Caesio Basso se filiam eius vidisse indicat. Der Wirt zeigt Lucius Caesius Bassus an, dass er seine/dessen Tochter gesehen hat. | 2. *Paulo post* amicos convenit. Wenig später trifft er seine Freunde. | 3. Eis *statim* de scelere narrat: „Audite! Diesen erzählt er sofort von dem Verbrechen: „Hört zu! | 4. *Hodie* senator Romanus venit, *nam* filiam suam quaesivit. Heute kam ein römischer Senator, denn er suchte seine Tochter. | 5. *Sed* filia eius *non iam* in taberna mea fuit. Aber seine Tochter war nicht mehr in meinem Gasthaus. | 6. *Itaque* ei dixi latrones cum filia Athenas petere." Deshalb sagte ich ihm, dass die Räuber mit seiner Tochter nach Athen segeln (wollten).

2 Welche Lösung stimmt?

VIA APPIA

3 Übersetzung

1. Nachdem Herkules und Deianira das Haus des Vaters verlassen hatten, trafen sie auf dem Weg den Kentauren Nessus. | 2. Nessus griff Herkules wegen des Todes anderer Kentauren sofort an. Dieser verletzte aber den Kentauren. | 3. Weil dieser fühlte, dass sich der Tod näherte, holte er Deianira herbei und sagte: „Wenn du deinen Ehemann nie verlieren willst, nimm diesen Trank." | 4. Deianira nahm den Trank, weil sie ihren Ehemann nicht verlieren wollte. | 5. Viele Jahre später jedoch liebte Herkules Deianira nicht mehr, sondern ein schönes Mädchen gefiel ihm. | 6. Da beträufelte Deianira das Gewand des Herkules mit Nessus' Trank. | 7. Nachdem dieser seine Kleidung angezogen hatte, spürte er sofort einen gewaltigen Schmerz.

4 Hürdenlauf

1	Geist, Mut, Gesinnung
2	Mädchen
3	Mann
4	Gewalt, Kraft; Menge
5	verneinen, leugnen; verweigern
6	wachsen
7	erlauben, nachgeben, zugestehen
8	abnehmen, ermatten; verlassen, ausgehen
9	fühlen, meinen, wahrnehmen
10	(ein)schätzen, meinen
11	animo deficere
12	non debere
13	iterum atque iterum
14	oportet
15	fast, beinahe
16	aber; in der Tat, wirklich
17	die meisten, sehr viele
18	ja sogar, vielmehr; im Gegenteil
19	mit sich, bei sich
20	vor; vorher

5 Trimino

siehe Lösungsheft Seite 15

LEKTION 19

1 Welche Lösung stimmt?

MARE NOSTRUM

2 Lege et pinge!

Auf dem Bild sollte der Meeresgott Neptun zu sehen sein, der mit seinem Dreizack das Meer aufwühlt und die Winde antreibt; außerdem sollte man Seeleute erkennen können, die auf ihrem Schiff mit angstverzerrten Gesichtern Jupiter um Hilfe anflehen.

3 Übung

1. Romulus hat seinen Bruder aus Zorn getötet. Perfekt: Erzähltempus, einmalige Handlung | 2. Die Piraten segelten (eilten) mit großer Schnelligkeit über das Meer. Imperfekt: wiederholte Handlung | 3. Die Römer besiegten ihre Feinde immer wieder aufgrund ihrer Tapferkeit. Imperfekt: wiederholte Handlung | 4. Cicero bemühte sich, seine Feinde aus der Stadt zu vertreiben. Imperfekt: wiederholte Handlung | 5. Es herrschte dunkle Nacht, als die Diebe plötzlich das Haus betraten. Imperfekt: Hintergrund, Zustand; Perfekt: Erzähltempus

4 Übersetzung

1. Bei Tagesanbruch kommen einige Mädchen in die Stadt Ephesos; dort erzählen sie vom unglücklichen Schicksal ihrer Freundin: | 2. „Lange Zeit spielten die Königstochter Europa und wir mit Freude am Meer Ball. | 3. Plötzlich kam ein Stier mit hoher Geschwindigkeit herbei. | 4. Kurz darauf ließ er sich am Strand nieder, weil ihn die Kräfte verließen. | 5. Die Königstochter zögerte nicht, an den Stier heranzugehen. | 6. Schon sahen wir, dass das Mädchen ihn berührte; wir nahmen sogar wahr, dass es sich auf den Rücken des gewaltigen Tieres setzte. | 7. Da aber fühlte Europa, dass sie den Mut sinken ließ, und wollte vom Rücken des Stieres herabsteigen. |

8. Das Tier jedoch erhob sich sofort und zog das Mädchen mit sich. Es führte dieses über die Wellen (das Meer) weg."

5 Hürdenlauf

1	Seemann, Matrose
2	Grenze, Ende; Ziel, Zweck; Pl. Gebiet
3	Wind
4	Meer
5	Pirat, Seeräuber
6	Schnelligkeit
7	Welle, Gewässer
8	(aus)ruhen; schlafen
9	ziehen, schleppen
10	fliegen; eilen
11	sitzen
12	beobachten
13	aber, jedoch, dagegen
14	an, bei, nach, zu
15	und
16	dunkel, unbekannt
17	gefangen; *Subst.* (Kriegs-)Gefangener
18	Verbrechen; Schurke – verbrecherisch, schädlich; *Subst.* Verbrecher
19	Menschenmenge, Lärm, Verwirrung – durcheinanderbringen, stören

6 Trimino

siehe Lösungsheft Seite 15

LEKTION 20

1 Welche Lösung stimmt?

VIR FORTIS

3 Übung

1. inire → ineo → inii → iniimus → inibamus → inibatis → ihr gingt hinein; ihr begannt | 2. perire → periit → perierunt → peribant → peribat → perit → er geht zugrunde, er kommt um | 3. ire → isse → ibas → isti → istis → itis → ihr geht | 4. transire → transit → transeunt → transierunt → transiit → transibat → er ging hinüber, überschritt, durchquerte | 5. adire → adistis → adibatis → adibas → adisti → adis → du trittst heran (an), du bittest | 6. ire → i → ite → ibamus → ibam → eo → ich gehe

4 Hürdenlauf

1	Beute
2	Flotte; Abteilung
3	Glück, Schicksal
4	schnell
5	anständig, gut
6	adelig, berühmt, vornehm
7	tapfer, kräftig
8	dankbar, willkommen, beliebt
9	ganz, jeder; *Pl.* alle
10	leicht (zu tun)
11	hineingehen; beginnen
12	im Stich lassen, verlassen
13	fliehen (vor), meiden
14	zugrunde gehen, umkommen
15	bevorstehen, hart zusetzen
16	hinübergehen, überschreiten, durchqueren
17	herantreten (an), bitten
18	lenken, leiten; beherrschen
19	täuschen, betrügen

5 Übersetzung

Romeo und Julia

1. Der Vater des Romeo, eines adeligen jungen Mannes, und der Vater der Julia, eines schönen Mädchens, waren Feinde. | 2. Bei einem Gastmahl erblickte Romeo Julia und verliebte sich sofort in sie. Dieser gefiel auch Julia. | 3. Deshalb ging Romeo später zu Julia, die ihn schon erwartete. | 4. Wenig später heiratete Romeo Julia heimlich. | 5. Aber der König, der die Stadt beherrschte,

vertrieb Romeo aus der Stadt, weil er einen Mann getötet hatte. | 6. Julias Eltern aber wollten, dass sie Paris, einen adeligen jungen Mann, heiratet. | 7. Julia nahm tapfer ein Gift, das ihr Schlaf gab, denn sie wollte nicht die Ehefrau des Paris sein. | 8. Aber Romeo, der Julias Plan nicht kannte, suchte die Stadt auf, sah Julia und glaubte, dass sie tot sei. Deshalb zögerte er nicht und tötete sich sofort. | 9. Nachdem Julia aus ihrem Schlaf aufgewacht war und den toten Romeo gesehen hatte, tötete sie sich.

6 Trimino

siehe Lösungsheft Seite 16

LEKTION A 21 + B 23

1 Welche Lösung stimmt?

DIDO PUNICA

2 Übung

1. flecto → flexi → fleximus → flexeramus → flexeratis → flectitis → ihr biegt | 2. promisisti → promisistis → promiseratis → promittebatis → promittebamus → promisimus → wir haben versprochen | 3. adit → adiit → adierat → adibat → adibam → adieram → ich war herangetreten | 4. institerant → institeratis → institistis → instatis → instas → insto → ich setze hart zu | 5. fuistis → fuerunt → fuerant → sunt → erant → erat → er, sie, es war

3 Lege et pinge!

Auf dem Bild sollte man Aeneas und seine Gefährten sehen, die an der Küste Karthagos ihr Schiff besteigen, um abzusegeln; beobachtet wird diese Szene von einer tränenüberströmten Dido, die wütend ihr schönes Gewand zerreißt.

4 Trimino

siehe Lösungsheft Seite 16

5 Übersetzung

1. Es war dunkle Nacht, als Aeneas plötzlich Geschrei hörte. Dieser eilte sofort schnell aus seinem Haus, während überall die Gebäude brannten. | 2. Schon meldeten ihm die Gefährten, dass die Griechen das hölzerne Pferd verlassen und die gewaltigen Tore der Stadt geöffnet hätten. | 3. Deshalb fasste Aeneas einen Fluchtplan. | 4. Der pflichtbewusste Mann rief seine Freunde zu sich und sagte: | 5. „Meine tapferen Freunde, sicherlich habt ihr gesehen, dass Troja zugrunde gegangen ist. Die schlechten Griechen, die schon viele Trojaner auf grausame Weise getötet hatten, haben uns durch eine schändliche List getäuscht. | 6. Deshalb müssen wir Troja verlassen: Flieht mit mir! Denn mit Hilfe der Götter will ich uns eine neue Heimat erwerben/bereiten. | 7. Dort wird es uns erlaubt sein, angenehm zu leben/werden wir angenehm leben können. Glaubt mir: Das ist unsere Bestimmung/unser Schicksal!"

6 Hürdenlauf

1	Küste, Strand
2	List, Täuschung
3	Schicksal, Göttерspruch
4	Gebiet, Gegend, Richtung
5	Schiff
6	aufhören
7	biegen, (hin)lenken, umstimmen
8	hinzufügen
9	gern
10	traurig, unfreundlich
11	(sittlich) schlecht, hässlich, schändlich
12	grausam
13	schlecht, unanständig
14	fromm, gerecht, pflichtbewusst
15	freiwillig, aus eigener Kraft, von selbst
16	fast, beinahe
17	so
18	Geschenk – schenken
19	Schnelligkeit – schnell
20	*m. Akk.* hinter, nach; *Adv.* dann, später – die Nachkommen

LEKTION A 22

1 Übung

1. statuere → statuo → statui → statuam → statuebam → statueram → ich hatte aufgestellt, beschlossen, festgesetzt | 2. confirmare → confirmavit → confirmaverat → confirmabat → confirmabit → confirmat → er, sie, es bekräftigt, ermutigt, stärkt | 3. redire → redisse → redibas → redibis → redieras → redis → du gehst zurück, kehrst zurück | 4. esse → est → sunt → fuerunt → erunt → fuerant → sie waren gewesen, sie hatten sich befunden | 5. adicere → adiecistis → adiciebatis → adieceratis → adicietis → adicitis → ihr fügt hinzu | 6. sedere → sede → sedete → sedebam → sedebo → sedeo → ich sitze

LEKTION B 22

1 Übung

1. condere → condo → condidi → condam → condidero → condebam → ich erbaute, gründete | 2. aedificare → aedificavit → aedificaverat → aedificabat → aedificabit → aedificat → er baut | 3. perire → perisse → peribas → perieris → perieras → peris → du gehst zugrunde, du kommst um | 4. esse → est → sunt → fuerunt → erunt → fuerant → sie waren gewesen, sie hatten sich befunden | 5. fugere → fugeritis → fugiebatis → fugeratis → fugietis → fugitis → ihr flieht (vor), ihr meidet | 6. sedere → sede → sedete → sedebamus → sedebimus → sedemus → wir sitzen

LEKTION A 22 + B 23

2 Welche Lösung stimmt?

ORACULUM

4 Hürdenlauf

1	Gesandtschaft
2	Priester(in)
3	flehentliches Bitten; Strafe, Hinrichtung
4	Bürgerrecht; Gemeinde, Staat
5	Sorge, Pflege
6	Stolz, Überheblichkeit
7	Gesandter, Bevollmächtigter
8	und, und auch
9	aber, jedoch, dagegen
10	(be)merken, verstehen
11	zurückgehen, zurückkehren
12	bekräftigen, ermutigen, stärken
13	herausgehen
14	aufstellen, beschließen, festsetzen
15	facere finem
16	wann?
17	anders, sonst
18	vorher, früher
19	wie

5 Übersetzung

1. Eine gewaltige Pest setzte dem ganzen Staat hart zu. Viele Menschen hatte sie schon getötet, andere litten unter dem schlimmen Schicksal. | 2. Lange Zeit gaben die Menschen die Hoffnung auf Rettung auf, aber endlich befragten sie die Bücher der Sibylle, die Orakelsprüche gaben. | 3. Das Orakel sagte, dass sie Gesandte zum Tempel des Gottes Äskulap schicken müssten. Diesem gehorchten die Römer sofort. | 4. Dort sagten die Priester des Äskulap: „Nehmt diese Schlange. Wenn ihr sie in eure Heimat bringt, werdet ihr immer gesund sein. Nie wird die Pest zu euch kommen. Sonst wird euch das Glück nie beistehen (helfen)." | 5. Und die Gesandten verließen mit der Schlange den Tempel und überquerten das Meer. | 6. Schon näherten sie sich mit dem Schiff der Stadt, als plötzlich die Schlange das Schiff verließ. Im (Fluss) Tiber aber lag eine Insel/war eine Insel gelegen, auf die die Schlange sofort zustrebte (die die Schlange sofort aufsuchte). | 7. Dort sagte sie zu den Gesandten: „Hier werde ich bleiben; hier baut einen Tempel für den Gott Äskulap!"

6 Trimino

siehe Lösungsheft Seite 17

LEKTION A 23 + B 24

1 Welche Lösung stimmt?

FABULA MIRA

2 Übung

1. das → daris → damini → dabimini → dabimur → dabamur → wir wurden gegeben | 2. dimittentur → dimittetur → dimittitur → dimittebatur → dimittebat → dimittebas → du entließest | 3. vidisti → videbis → videberis → videbor → videbimur → videbamur → wir wurden gesehen | 4. conducebaris → conducebamini → conducemini → conducetis → conduxistis → conduxeratis → ihr hattet angeworben | 5. inveniunt → invenerunt → inveniebant → inveniebantur → inveniebatur → inveniebar → ich wurde gefunden | 6. commovebis → commoves → commovetis → commoveratis → commovebatis → commovebamini → ihr werdet bewegt/veranlasst | 7. perterrebor → perterrebimur → perterremur → perterrebamur → perterrebamus → perterruimus → wir haben sehr erschreckt/eingeschüchtert | 8. movet → movetur → movebitur → movebor → movebo → moveram → ich hatte bewegt

3 Übersetzung

1. Nun wirst du eine unglaubliche Geschichte von einem sonderbaren Mann lesen: | 2. „Einst kamen zwei junge Männer zu nächtlicher Stunde zwischen Grabsteinen zusammen. | 3. Der eine, der an diesem Ort durch unbekannte Stimmen sehr beunruhigt wird (in Verwirrung gebracht und beunruhigt wird), verliert seinen Mut. | 4. Der andere aber bittet zuerst mit Flehen zu den dunklen Sternen; danach beginnt er, alle seine Kleider abzulegen, dann wird er in ein Ungeheuer verwandelt. | 5. Bald sieht man einen hässlichen Wolf: Dieser heult grausam und flieht schnell (mit großer Geschwindigkeit). | 6. Sein Gefährte will die Kleider seines Freundes aufheben. | 7. Aber die Kleider sind Steine: Deshalb beschließt der junge Mann, das Schwert zu ergreifen; mit diesem schlägt er auf die sonderbare Kleidung. | 8. Schließlich kehrt er nach Hause zurück; dort findet er seinen Freund, der blutüberströmt ist."

4 Trimino

siehe Lösungsheft Seite 17

5 Hürdenlauf

1	Wunderzeichen; Ungeheuer, Gespenst
2	Band, Fessel; *Pl.* Gefängnis
3	Dunkelheit, Finsternis
4	Schweigen, Stille
5	Philosoph
6	(vorwärts)gehen, vorrücken
7	in Verwirrung bringen
8	sehr erschrecken, einschüchtern
9	abwesend sein, fehlen
10	weggehen
11	finden, erfinden
12	lassen, erlauben
13	wunderbar, erstaunlich
14	derartig, ein solcher, so (beschaffen)
15	unbekannt
16	frei
17	weit, groß, bedeutend
18	unglaublich
19	in alter Zeit (eigentlich Pl.)
20	nachts; zu nächtlicher Stunde

LEKTION A 24 + B 25

1 Welche Lösung stimmt?

MARS DEUS

2 Lege et pinge!

Auf deinem Bild sollte man einen Opferzug sehen,

bei dem sich das Opfertier (vielleicht ein Stier) plötzlich losreißt und auf die Zuschauer losrennt. Die stürzen natürlich in Panik davon. Nur ein paar Kinder bleiben unbeeindruckt stehen und lachen. Währenddessen versuchen die Priester, die Götter mit Gebeten zu besänftigen.

3 Übung

1. Dei ira commoti. Die von Zorn bewegten Götter wollten die Menschen töten. Die Götter, die von Zorn bewegt waren, wollten die Menschen töten. Weil die Götter von Zorn bewegt waren, wollten sie die Menschen töten. | 2. bestiae necatae. Prometheus versprach den Göttern die Hälfte des getöteten Tieres/des Tieres, das getötet worden war. | 3. Iuppiter ira completus. Der von Zorn erfüllte Jupiter rief Prometheus zu sich. Jupiter, der von Zorn erfüllt war, rief Prometheus zu sich. Weil Jupiter von Zorn erfüllt war, rief er Prometheus zu sich. | 4. Ignis a Prometheo donatus. Das von Prometheus geschenkte Feuer gefiel den Menschen. Das Feuer, das von Prometheus geschenkt worden war, gefiel den Menschen. | 5. igne a Prometheo dato. Die Menschen herrschten mit dem von Prometheus gegebenen Feuer über die Tiere. Die Menschen herrschten mit dem Feuer, das ihnen von Prometheus gegeben worden war, über die Tiere. Die Menschen herrschten über die Tiere, nachdem ihnen Feuer von Prometheus gegeben worden war. | 6. Prometheum a hominibus amatum. Jupiter warf den von den Menschen geliebten Prometheus in den Tartarus. Jupiter warf Prometheus, der von den Menschen geliebt wurde, in den Tartarus. Jupiter warf Prometheus in den Tartarus, obwohl/weil er von den Menschen geliebt wurde.

4 Übersetzung

1. Claudia, die Frau von Aulus, hatte keine Kinder. Deshalb ging Claudia, nachdem sie von ihrer Mutter ermahnt/aufgefordert worden war, zum Tempel der Juno. | 2. Dort wurde sie von einer Priesterin zum Altar der Göttin, der vor dem Tempel aufgestellt war, geführt. Vor dem Altar blieb sie stehen und sprach folgende Worte: | 3. „Große Göttin, ich bitte dich demütig. Erhöre meine Bitten. Schon viele Jahre bin ich Aulus' Ehefrau, aber die mächtigen Götter haben Aulus und mir nicht gewährt, Kinder zu haben. Hilf uns! | 4. Die Eltern von Aulus, die drei Söhne und zwei Töchter haben, wollen schon die Ehe beenden. Sie glauben, dass die Pflichten einer Ehefrau von mir nicht eingehalten wurden. | 5. Ich weiß genau, dass du von mir immer mit höchster Gewissenhaftigkeit verehrt wurdest. | 6. Schau diese Tauben an, die ich dir opfern werde. Wenn du meine Bitten gehört hast, schenk uns Kinder."

5 Trimino

siehe Lösungsheft Seite 17

6 Hürdenlauf

1	Bürger
2	Jahr
3	Dienst, Pflicht(gefühl)
4	Ehre, Ruhm
5	Glauben, (Gottes-)Verehrung, Frömmigkeit, Gewissenhaftigkeit; Aberglaube
6	aufstellen, ausrüsten; unterrichten
7	(aus)wählen
8	(auf)stellen, (hin)legen, setzen
9	töten, vernichten
10	aufnehmen, eine Ausnahme machen
11	vermehren, vergrößern
12	einen Auftrag geben, übergeben
13	zurückblicken; berücksichtigen
14	mit höchster Frömmigkeit/Gewissenhaftigkeit
15	durch die Nachrichten bewegt/veranlasst
16	die zusammengerufenen/versammelten Bürger
17	mehrere
18	demütig bittend
19	um ... herum, rings um
20	allmählich

LEKTION A 25 + B 26

1 Welche Lösung stimmt?

SPECTACULUM

2 Lege et pinge!

Auf dem Bild sollte man den siegreichen Cäsar sehen, der freudestrahlend unter dem Jubel der Menge auf der via sacra seinen Triumphzug abhält; in dem Triumphzug werden erbeutete Gegenstände, wie z. B. erbeutete Rüstungen, und versklavte Menschen mitgeführt. Ebenso sollte man erkennen, wie sich einige Senatoren, die sichtlich auf Cäsar zornig und ihm feindlich gesinnt sind, bereits über ein Attentat verständigen.

3 Übung

1. ille consul → illi consules → illis consulibus → illi consuli → illius consulis → jenes Konsuls | 2. illarum sacerdotum → illis scaerdotibus → illa sacerdote → illam sacerdotem → illa sacerdos → jene Priesterin | 3. illis agminibus → illa agmina → illud agmen → illi agmini → illo agmine → mit jenem Heereszug | 4. illos homines → illum hominem → ille homo → illi homines → illorum hominum → jener Menschen | 5. illam victoriam → illas victorias → illis victoriis → illis victoriis → illi victoriae → jenem Sieg

4 Übersetzung

1. Es ist offenkundig, dass die römischen Feldherren in alten Zeiten, wenn sie einen Triumphzug feierten, ihre Soldaten über das Forum Romanum führten. | 2. Aber einige Sieger wurden vom römischen Volk mit einem großartigen Bogen, der auf dem Forum aufgestellt worden war, beschenkt. | 3. Auch Kaiser Titus wurde ein Bogen zuerkannt; diesen sieht man auch heute (in unseren Zeiten) (noch) auf dem Forum. | 4. Jener hatte nämlich die Juden, Feinde der Römer, in einem großen Krieg besiegt. | 5. Die Römer glaubten, dass jenes Ehre bewahrt werde, wenn seine Statue und sein Triumphzug auf dem Bogen dargestellt wären. | 6. Im Innern schmückt die Göttin Victoria Kaiser Titus, der von der Göttin Roma geleitet wird, mit einem goldenen Kranz.

5 Trimino

siehe Lösungsheft Seite 18

6 Hürdenlauf

1	dieser, diese, dieses; er, sie, es
2	dieser, diese, dieses (hier); folgender
3	jener, jene, jenes
4	zugleich, gleichzeitig
5	dahin, dorthin
6	Schauspiel
7	Triumph(zug)
8	Würde, Ansehen; (gesellschaftliche) Stellung
9	Beute
10	Geld der Feinde
11	gefangen; *Subst.* (Kriegs-)Gefangener
12	Soldat
13	Anführer
14	Befehlshaber, Feldherr, Kaiser
15	Sieger
16	Priester(in)
17	Senator
18	Gold – golden
19	König – (Königs-)Herrschaft, Reich – königlich
20	Not, Elend, Unglück – arm, erbärmlich, unglücklich

LEKTION A 26 + B 28

1 Welche Lösung stimmt?

OVIDIUS

2 Übung

1. amicos currentes | 2. amoris crescentis | 3. bestiae venientis, venienti, venientes | 4. viris adeuntibus | 5. silva ardens, ardente

3 Übersetzung

1. Die jungen Männer, die mit Actaeon im Wald die Spuren wilder Tiere suchten, wollten sich ausruhen. Deshalb sagte Actaeon zu den Männern: „Ihr dürft nach Hause gehen und schlafen/ruhen." | 2. Actaeon, dem die Natur des Ortes (die Umgebung) gefiel, streifte lange Zeit durch den Wald. Endlich aber fand er einen angenehmen Teich, der von Bäumen umgeben war. | 3. Plötzlich hörte der junge Mann Stimmen und ging schnell zu dem Teich. | 4. Er sah junge Frauen, die im Wasser standen. Eine der jungen Frauen aber übertraf die anderen an Schönheit. | 5. Sobald diese Actaeon erblickte, sagte sie wutentbrannt: „Du hast mich, die Göttin Diana, nackt gesehen. Deshalb werde ich dich verwandeln. Ich will nämlich nicht, dass du dies deinen Gefährten erzählst." | 6. Und tatsächlich wurde der junge Mann von Diana in einen Hirsch verwandelt; plötzlich wuchsen ihm Hörner. | 7. Dann töteten seine Hunde Actaeon grausam, weil sie ihn nicht mehr erkannten.

4 Hürdenlauf

1	junger Mann; jung
2	Schmerz
3	Glied, Körperteil
4	Baum
5	Acker, Feld, Gebiet
6	anfeuern, anzünden
7	aufnehmen, wieder bekommen, zurücknehmen
8	berühren
9	auflösen, bezahlen, lösen
10	aufnehmen, erhalten, erfahren
11	verhindern, verbieten
12	begegnen, entgegentreten
13	(zurück)verlangen, wiederholen
14	zurückstoßen, abweisen, vertreiben
15	in Liebe entflammt, verliebt
16	sich zurückziehen
17	von hier, hierauf
18	mehr, eher
19	unter, während; zwischen
20	hierher

5 Trimino

siehe Lösungsheft Seite 18

LEKTION A 27 + B 29

1 Welche Lösung stimmt?

TELEMACHOS

2 Lege et pinge!

Auf dem Bild sollte man Odysseus und seine Gefährten sehen, wie sie auf eine (karibische) Insel zusteuern; auf dieser sollte man die Nymphe Kalypso erkennen können, die verliebt und verzückt den Seeleuten zuwinkt und sie zum Essen einlädt.

3 Übung

1. ipsum consulem → ipsos consules → ipsorum consulum → ipsis consulibus → ipsi consuli → dem Konsul höchstpersönlich | 2. illos coniuges → illis coniugibus → illo coniuge → illius coniugis → ille coniunx → jener Gatte | 3. haec solacia → haec solacia → hoc solacium → huic solacio → hoc solacium → dieses Trostmittel (hier) | 4. earum epistularum → eius epistulae → ea epistula → ei epistulae → eis epistulis → diesen Briefen | 5. quibus opibus → quas opes → quarum opum → quibus opibus → cui opi → dieser Kraft (qui als Demonstrativpronomen) | 6. ipsas coniuges → ipsis coniugibus → ipsa coniuge → ipsius coniugis → ipsa coniunx → die Gattin selbst | 7. hoc bonum → huius boni → horum bonorum → his bonis → hoc bono → durch dieses Gut | 8. iis vigiliis → eas vigilias → eam vigiliam → ea vigilia → eius vigiliae → dieser Nachtwache

4 Übersetzung

1. Einst gelangte ich mit meinen Gefährten zu einem unbekannten Ort; an diesem Ort fand ich eine Höhle. | 2. Weil wir von Hunger und Durst

gequält wurden, nahmen wir gern die schönen Speisen und den herrlichen Wein, als plötzlich der riesige Polyphem die Höhle betrat. | 3. Obwohl ihm ein Auge fehlte, bemerkte dieser dennoch sofort, dass Räuber in seiner Höhle waren, und fragte mit lauter Stimme: | 4. „Wo ist jener Dieb, der meine Speisen und meinen Wein stiehlt? Ihn will ich zugrunde richten!" | 5. Ich bedachte freilich vieles und antwortete ihm flehend: „Guter Mann, verzeih mir! ‚Niemand' ist mein Name!" | 6. Darauf blendeten wir Polyphems einziges Auge, weil wir unser Leben retten wollten. | 7. Während wir schnell die Höhle verließen, hörten wir, dass der laut klagende Polyphem vergeblich „Niemand" suchte. Leb wohl!

5 Trimino

siehe Lösungsheft Seite 19

6 Hürdenlauf

1	liegen
2	ertragen, standhalten
3	verlieren, verschwenden, zugrunde richten
4	auf sich nehmen, sich (einer Sache) annehmen, unternehmen
5	(sich) fürchten
6	(unter)drücken, bedrängen
7	verbrauchen, verwenden
8	berühren; gelingen
9	Brief
10	Trost(mittel)
11	Angst, Furcht
12	Hilfe; Kraft; Pl. Macht, Mittel, Reichtum
13	Frechheit, Kühnheit
14	das Gut(e)
15	Gewalt, Kraft; Menge; *Pl.* (Streit-)Kräfte
16	Mann
17	kaum, (nur) mit Mühe
18	Leben, Lebensweise
19	es ist nötig, es gehört sich
20	es ist nötig, man braucht

LEKTION B 27

1 Übung

1. accepero | 2. dederas | 3. reduximus | 4. feceritis | 5. moverunt | 6. indicaveratis | 7. fregerunt | 8. egerimus | 9. misi | 10. habuerat | 11. optaveritis | 12. temptavi | 13. permovisti | 14. viceris | 15. incesserat | 16. cepi | 17. incesseris | 18. fecerant

2 Hürdenlauf

1	Brücke
2	Flucht
3	Angst, Furcht
4	Kampf
5	aufnehmen, erhalten, erfahren
6	zurückführen, zurückziehen
7	wünschen
8	anzeigen, melden
9	zerbrechen
10	angreifen; prüfen, versuchen
11	die Rettung in der Flucht suchen
12	feindlich, feindselig
13	göttlich
14	frisch, neu
15	wenn nicht
16	also, folglich

3 Trimino

siehe Lösungsheft Seite 19

LEKTION A 28 + B 30

1 Übung

1. manus → manui → manibus → manus → manum → manus → manuum | 2. terra → terrae → terrarum → terris → terra → terram → terrae | 3. tectum → tecta → tectorum → tecti → tecto → tecto → tectis | 4. motus → motu → motui → motum →

motus → motus → motuum | 5. coniunx → coniugem → coniugis → coniugum → coniugibus → coniuge → coniugi | 6. campus → campi → campis → campos → campum → campi → campo | 7. gemitus → gemitu → gemitus → gemituum → gemitus → gemitus → gemitum

2 Welche Lösung stimmt?

POSEIDON

3 Übersetzung

1. Die Göttin Ceres hatte eine schöne Tochter mit Namen Proserpina. Weil das Mädchen so schön war, verliebte sich auch der Gott Hades (in sie). | 2. Hades entführte sie, als sie allein Blumen pflückte, in sein Reich und hielt sie dort fest. | 3. Proserpinas Mutter streifte aus Angst um ihre Tochter (durch die Angst um ihre Tochter veranlasst) durch alle Länder, immer rief sie den Namen der Tochter und fragte alle Menschen, aber vergeblich: Es war ihr nicht möglich, das Mädchen zu finden. | 4. Schließlich sagte Jupiter, durch die Trauer der Mutter bewegt, zu Ceres: „Geh zu Hades, der über den Tod herrscht. Dort wirst du deine Tochter finden." | 5. Ceres suchte Hades sofort auf und forderte ihre Tochter heftig zurück; weil Hades aber Proserpina nicht verlieren wollte, sagte er zu der Mutter: | 6. „Wenn du deine Tochter sechs Monate in meinem Reich leben lässt, wird es ihr erlaubt sein, sechs Monate auf der Erde zu leben. So wird im Sommer alles wachsen, in der anderen Zeit des Jahres wird nichts wachsen."

4 Hürdenlauf

1	Amt; Beamter
2	Himmel
3	Haus
4	Trauer
5	Hand
6	Erde, Land
7	Flut, Strömung
8	überzeugen
9	sich anstrengen, spannen; (aus)strecken
10	nicht (be)achten, vernachlässigen
11	drehen, wenden
12	zerbrechen
13	fallen
14	hinabschicken, sinken lassen
15	Bewegung
16	Angst
17	geweiht, heilig
18	voll (von/mit)
19	deshalb
20	innerhalb (von)

5 Trimino

siehe Lösungsheft Seite 20

LEKTION A 29 + B 31

1 Welche Lösung stimmt?

PHILOSOPHIA

2 Übung

1. Caesare interfecto – Nachdem/Weil Caesar ermordet worden war, / Nach/Wegen der Ermordung Caesars / Caesar war ermordet worden und danach/deshalb war das römische Volk sehr traurig (wurde das römische Volk von großem Schmerz bewegt). | 2. Marco Antonio funus Caesaris parante – Während Marcus Antonius Caesars Beerdigung vorbereitete, / Während der Vorbereitung von Caesars Beerdigung durch Marcus Antonius / Marcus Antonius bereitete Caesars Beerdigung vor, und gleichzeitig flohen Brutus und Cassius aus der Stadt. | 3. Corpore Caesaris flammis dato – Nachdem Caesars Körper verbrannt worden war (Nachdem Caesars Körper den Flammen übergeben worden war), / Nach der Verbrennung von Caesars Körper / Caesars Körper war verbrannt worden und danach verkündete Marcus Antonius Caesars Testament dem Volk. | 4. Hominibus poenam postulantibus – Weil die Menschen Rache forderten, / Wegen des Verlangens der Menschen nach Rache / Die Menschen verlangten

nach Rache, und deswegen setzte Marcus Antonius Brutus und seinen Gefährten hart zu. | 5. Bruto comitibusque necatis – Nachdem Brutus und seine Gefährten getötet worden waren, / Nach der Ermordung von Brutus und seinen Gefährten / Brutus und seine Gefährten waren getötet worden, und danach wurde Marcus Antonius vom Volk zum Anführer gemacht.

3 Hürdenlauf

1	Philosophie
2	Disziplin, Lehre
3	Mangel, Not
4	Art, Weise; Maß
5	Senatoren
6	Richtung, Seite, Teil
7	Begräbnis, Untergang
8	(ver)ändern, verwandeln
9	auslöschen, vernichten
10	verurteilen (wegen)
11	stehen bleiben; Widerstand leisten
12	bestechen, verderben
13	anfangen, beginnen
14	üben, trainieren; quälen
15	kritisieren, wieder aufgreifen
16	einschätzen, beurteilen
17	notwendig
18	bitter, grausam, rücksichtslos
19	nachdem die Philosophen aus der Stadt vertrieben worden sind/waren
20	während gewaltige Gefahren bevorstehen/bevorstanden

4 Übersetzung

1. Während die anderen Feldherren nach Hause zurückkehrten, irrte Odysseus mit seinen Freunden lange über das Meer. | 2. Immer wieder standen ihm, der sich nach seiner Heimat sehnte, viele Mühen bevor. | 3. Die Sirenen, die ihrem Wesen nach sowohl Mädchen als auch Vögel waren, bewohnten eine Insel und verwirrten durch ihre Gesänge die Seeleute rücksichtslos: | 4. Weil die Männer durch die Gesänge verzaubert (verdorben) worden waren, zerschellte das Schiff, das seinen Weg vernachlässigte, an den Klippen der Insel. | 5. Während sich das Schiff der Insel näherte, befahl Odysseus, der die Sirenen sehen wollte, seinen Seeleuten Folgendes: | 6. „Meine Freunde, zuerst fesselt meinen Körper an den Schiffsmast! Dann verschließt eure Ohren mit Wachs! Auf diese Weise werden wir ohne Mühen den Mädchen entkommen." | 7. Und tatsächlich: Odysseus nahm die schönen Lieder wahr und wollte deswegen zur Insel gelangen. | 8. Aber obwohl ihr Anführer flehentlich darum bat, ließen die Seeleute, da sie nichts hörten, schnell die Insel zurück.

5 Trimino

siehe Lösungsheft Seite 20

LEKTION A 30

1 Übung

1. Nachdem Troja vernichtet worden war, / Nach der Vernichtung Trojas / Troja wurde vernichtet und danach – suchte Aeneas eine neue Heimat. | 2. Nachdem/Obwohl viele Schiffe verlorengegangen waren, / Nach dem Verlust/Trotz des Verlusts vieler Schiffe / Viele Schiffe waren verlorengegangen und doch/und dann – gelangte er schließlich zur Stadt Karthago. | 3. Da er eine Nachricht Jupiters erhalten hatte, / Aufgrund einer Nachricht Jupiters / Er hatte eine Nachricht Jupiters erhalten und deshalb – verließ er Karthago. | 4. Obwohl Dido litt, / Trotz Didos Leiden / Dido litt und trotzdem – gehorchte er seinem Pflichtgefühl. | 5. Nachdem die Feinde besiegt worden waren, / Nach dem Sieg über die Feinde / Die Feinde waren besiegt worden und danach – gründete er eine neue Stadt.

2 Welche Lösung stimmt?

OEDIPUS

3 Übersetzung

1. Nachdem der Trojanische Krieg beendet worden war, kehrte auch Agamemnon, der Anführer

der Griechen, nach Hause zurück. Dort hatte seine Frau, Clytaemnestra, schon die Hoffnung auf die Rückkehr ihres Ehemannes aufgegeben und sich in Aegisthus verliebt. | 2. Sie fassten einen grausamen Plan und töteten beide den zurückkehrenden Agamemnon/Agamemnon, als er zurückkehrte. | 3. Orestes aber, der Sohn des Agamemnon und der Clytaemnestra, beschloss, veranlasst durch die Schandtat, diejenigen, die seinen Vater umgebracht hatten, zu bestrafen. Zunächst aber verließ er die Heimat. | 4. Nachdem der Vater umgebracht und Aegisthus zum König gemacht worden war, warteten die Schwestern des Orestes lange auf die Rückkehr ihres Bruders. Weil sie schon die Hoffnung auf Rettung aufgaben, glaubten sie, dass Orestes getötet worden sei. | 5. Endlich kam Orestes in die Heimat zurück; er tötete, nachdem die Mutter umgebracht worden war, wenig später auch Aegisthus. | 6. Orestes jedoch wurde von den Furien mit ungeheurer Angst gequält und sehr erschreckt, weil er seine eigene Mutter getötet hatte.

4 Hürdenlauf

1	Zugang
2	Heer
3	Gemeinheit, Schandtat
4	Ehre, Ehrenamt
5	Geist, Sinn, Verstand; Meinung
6	Gesetz, Bedingung
7	Wächter(in)
8	Handlung, Untat
9	Gefährte, Verbündeter
10	niederschlagen, töten
11	sammeln
12	sich hüten (vor), Vorsorge treffen
13	erreichen, durchsetzen
14	festsetzen, beschließen
15	verwahren, verbergen, bestatten
16	anflehen, bitten
17	(im Besitz) haben, (besetzt) halten
18	schwierig
19	ungern, gegen den Willen
20	wagen
21	hören

5 Trimino

siehe Lösungsheft Seite 20

Trimino Lektion 16

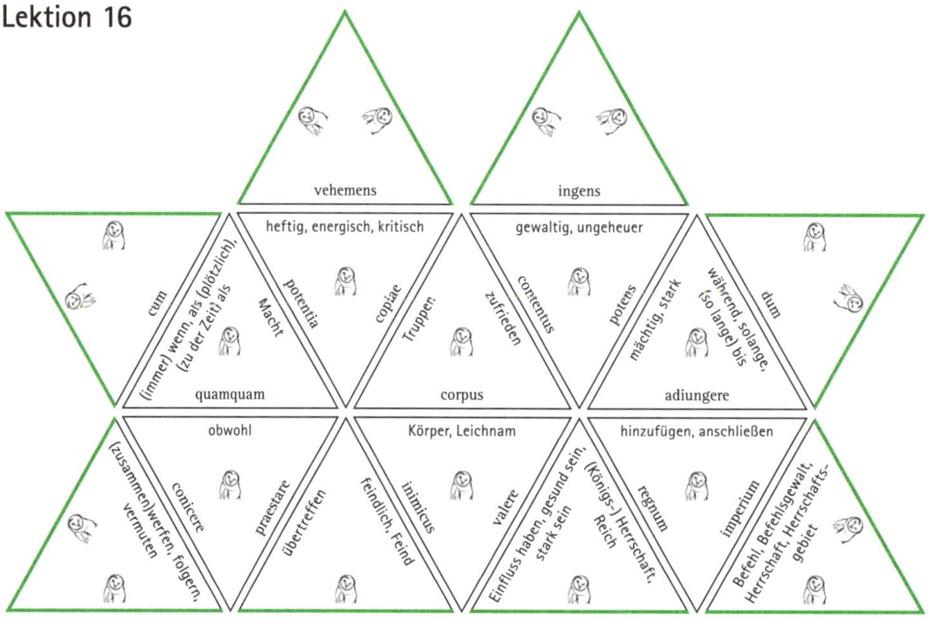

Trimino Lektion 17

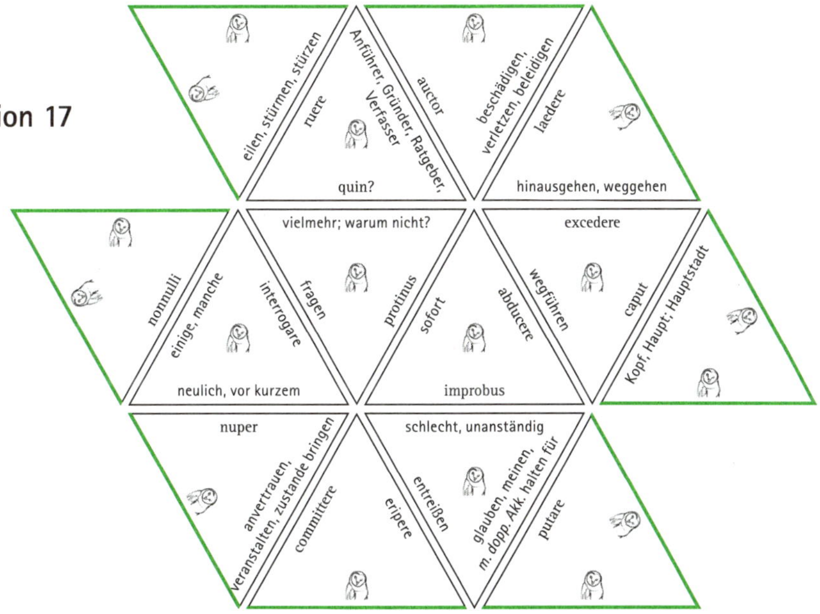

Trimino Lektion 18

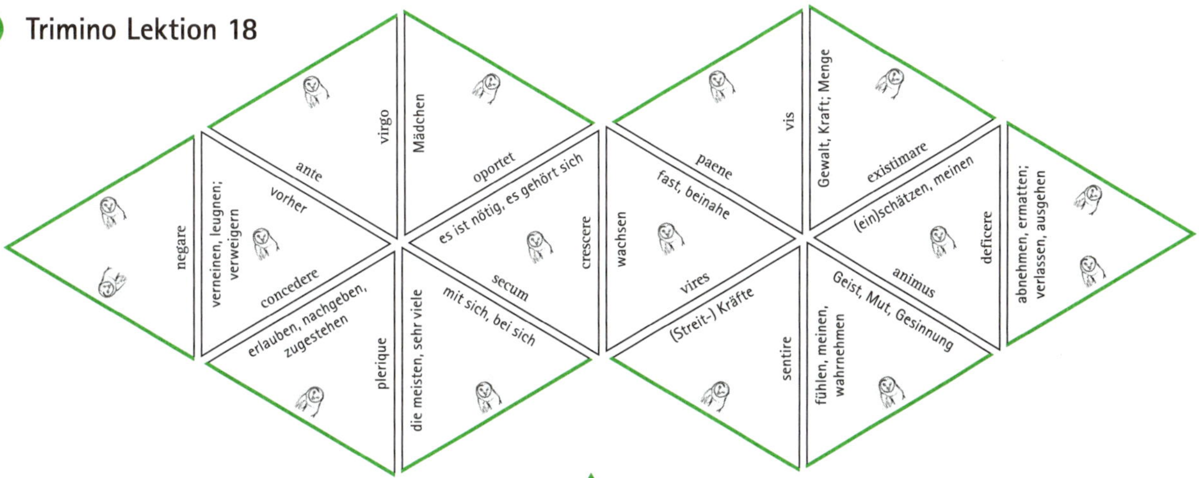

Trimino Lektion 19

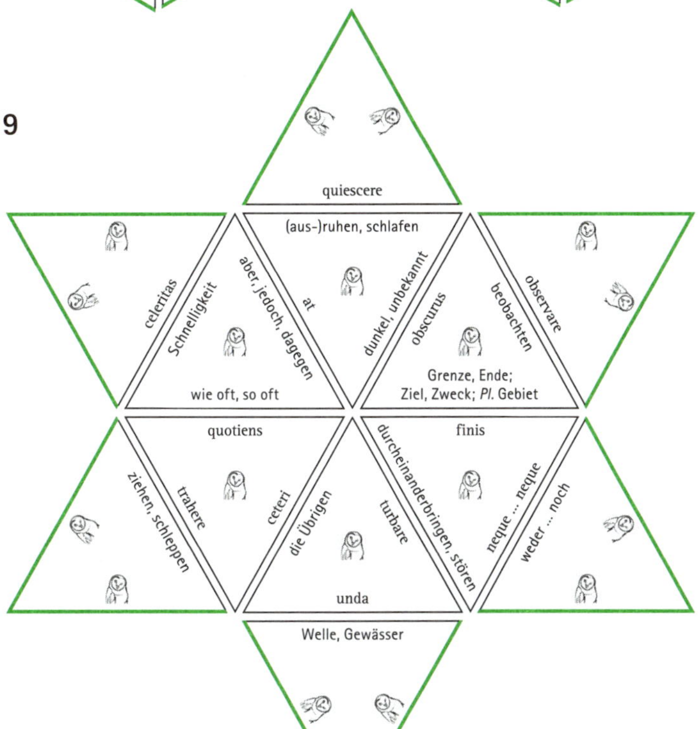

Trimino Lektion 20

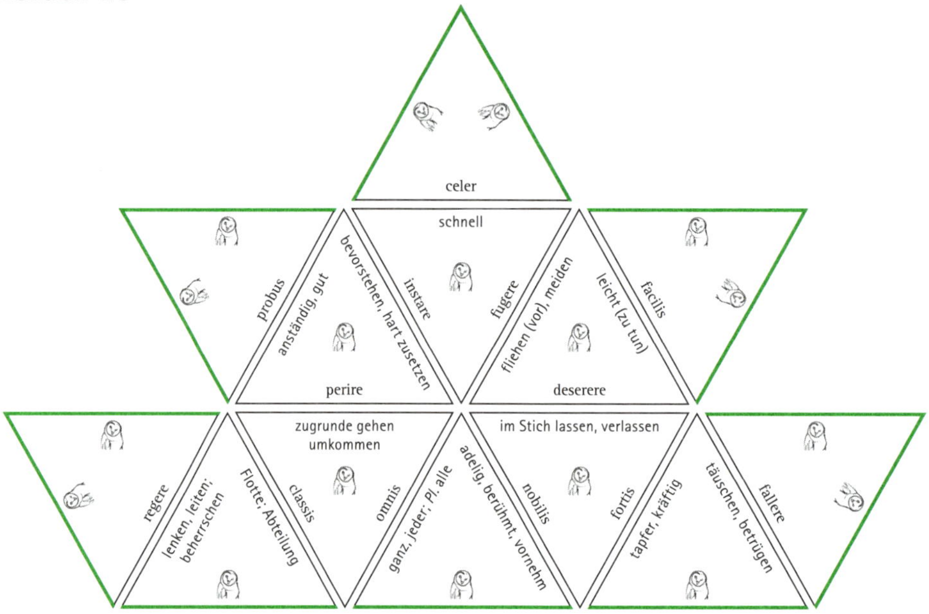

Trimino Lektion A 21 + B 23

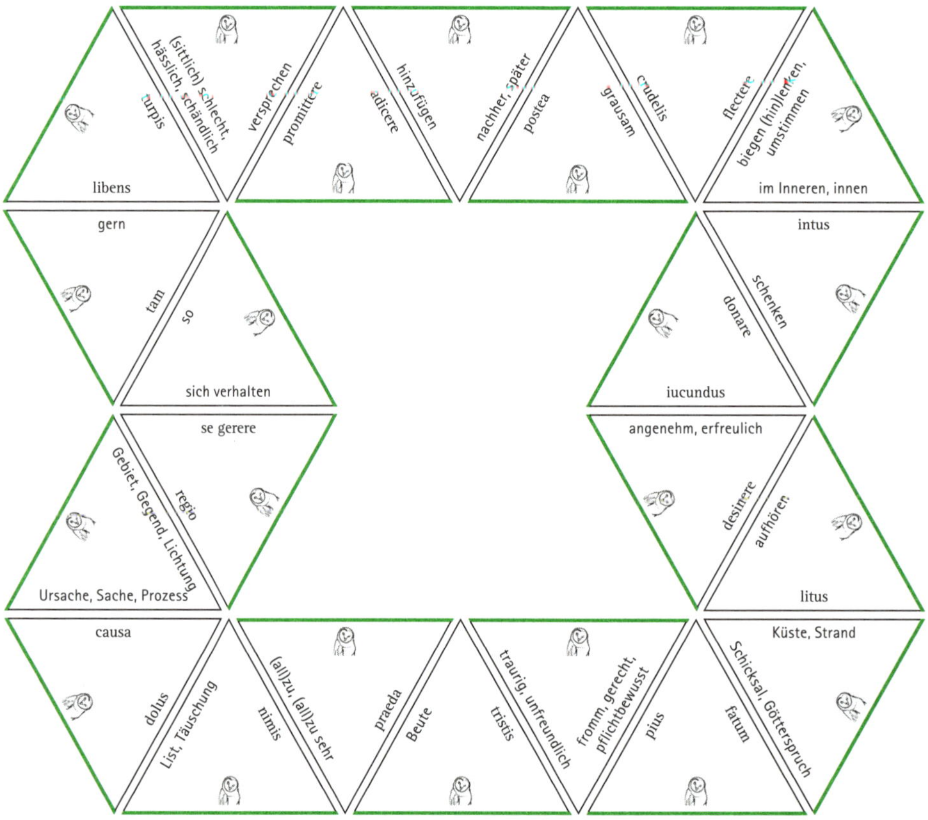

Trimino Lektion A 22 + B 23

Stolz, Überheblichkeit
superbia
(be)merken, verstehen
intellegere
flehentliches Bitten; Strafe, Hinrichtung
supplicium
confirmare
bekräftigen, ermutigen, stärken
Priester(in)
sacerdos
civitas
Bürgerrecht, Gemeinde, Staat
Gesandter, Bevollmächtigter
legatus
Sorge, Pflege
cura
aufstellen, beschließen, festsetzen
statuere
ac
und, und auch
exire
herausgehen

Trimino Lektion A 23 + B 24

abire
weggehen
monstrum
Wunderzeichen; Ungeheuer, Gespenst
wunderbar, erstaunlich
mirus
sehr erschrecken, einschüchtern
perterrere
erst, einmal; manchmal
quondam
philosophus
Philosoph
silentium
Schweigen, Stille
unglaublich
incredibilis
amplus
weit, groß, bedeutend
frei
liber
fabula
Erzählung, Geschichte, Theaterstück
invenire
finden, erfinden
Dunkelheit, Finsternis
tenebrae
bald, dann
mox
beunruhigen, veranlassen
permovere
tempus
(günstige) Zeit; *Pl.* Umstände
Eisen, Waffe
ferrum
talis
derartig, ein solcher, so (beschaffen)
abesse
abwesend sein, fehlen

Trimino Lektion A 24 + B 25

aufnehmen, eine Ausnahme machen
excipere
sanguis
Blut
annus
Jahr
öffentlich, staatlich
publicus
interficere
töten, vernichten
Dienst, Pflicht(gefühl)
officium
supplex
demütig, bittend
respicere
zurückblicken; berücksichtigen
Name
nomen
longus
lang, weit
ponere
(auf)stellen, (hin)legen, setzen
complures
mehrere
deligere
(aus)wählen
Feld, freier Platz, Ebene
campus
Ehre, Ruhm
gloria
circum
um ... herum, rings um
civis
Bürger
augere
vermehren, vergrößern
Bitte, *Pl.* Gebet
prex
instruere
aufstellen, ausrüsten; unterrichten
paulatim
allmählich

Trimino Lektion A 25 + B 26

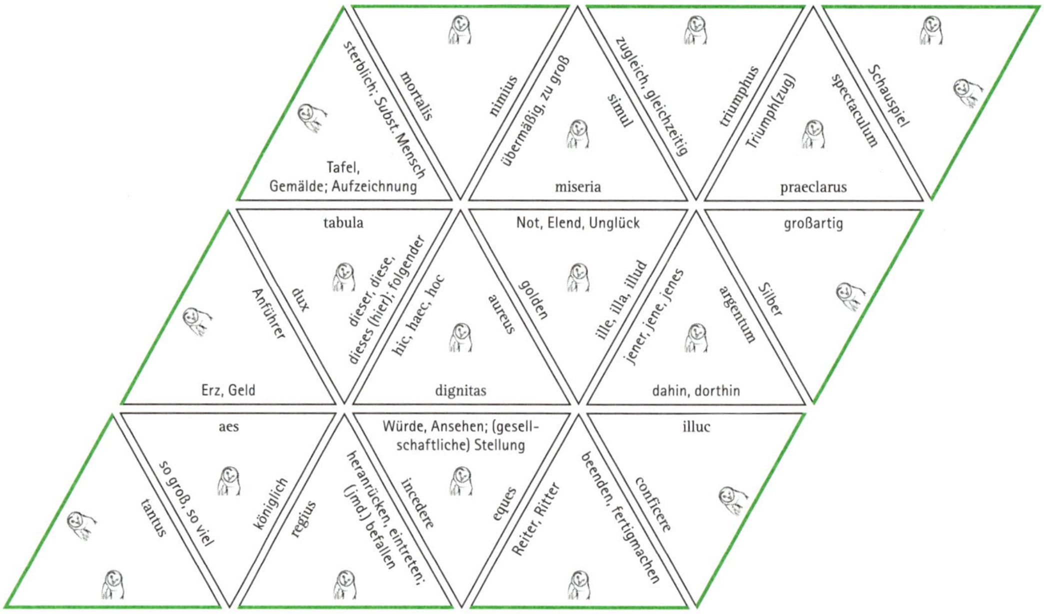

Trimino Lektion A 26 + B 28

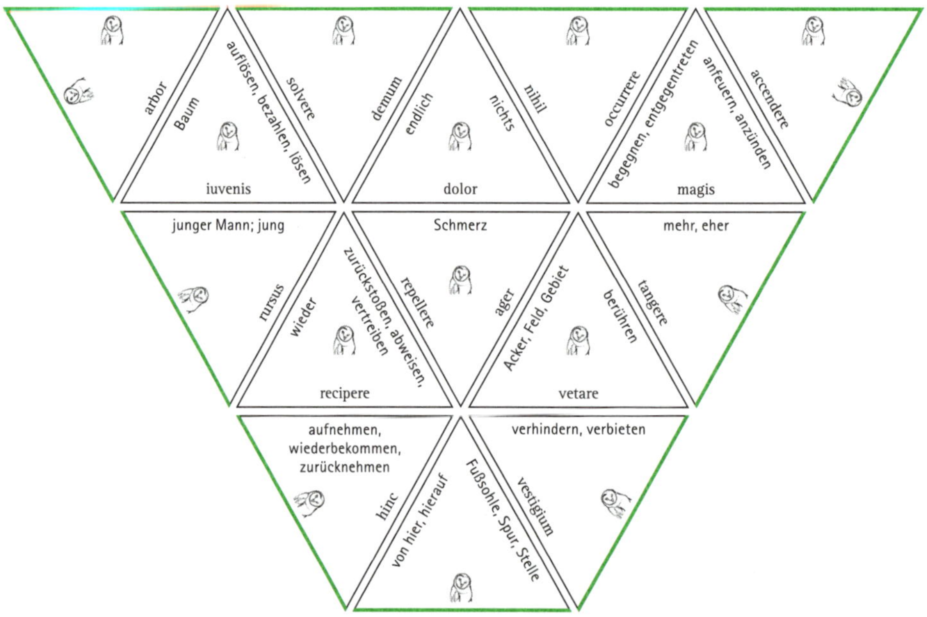

Trimino Lektion A 27 + B 29

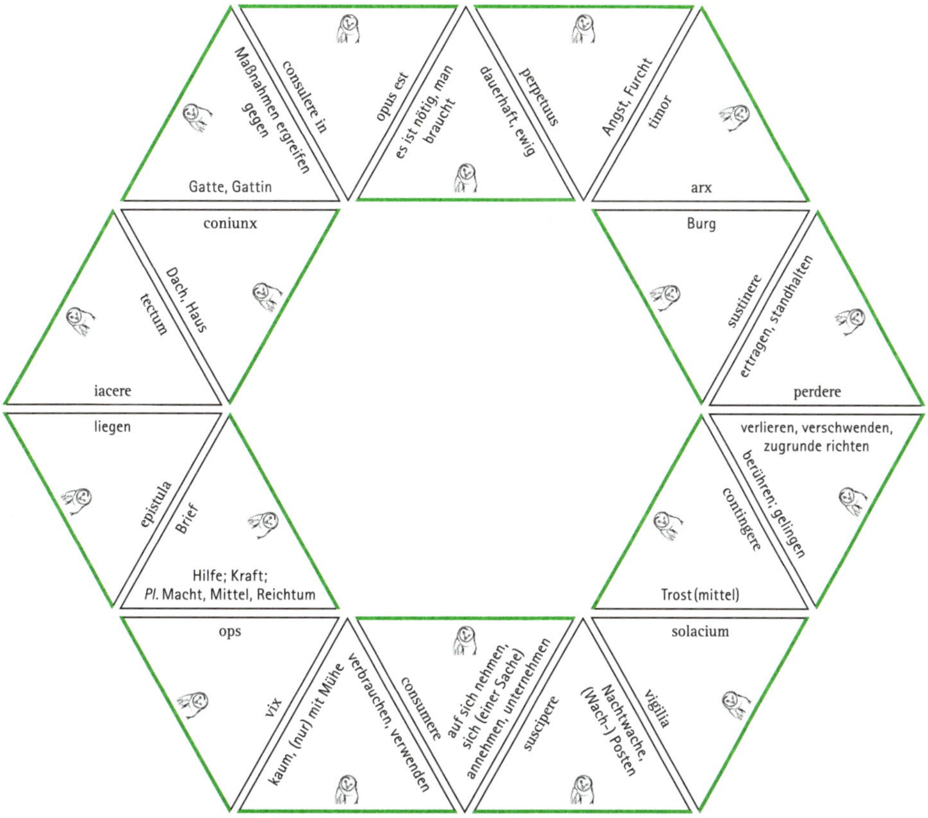

Trimino Lektion B 27

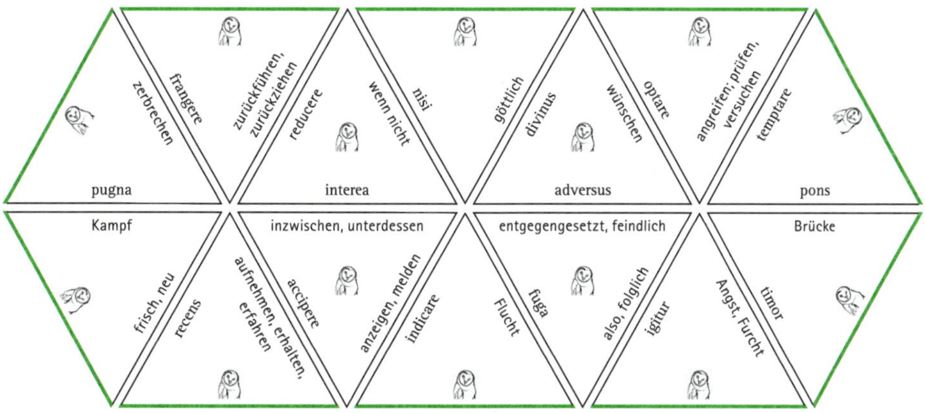

Trimino Lektion A 28 + B 30

- denn, nämlich
- persuadere
- überzeugen
- geweiht, heilig
- sacer
- magistratus
- Amt; Beamter
- metus
- Angst
- deshalb
- quare
- tendere
- sich anstrengen, spannen; (aus)strecken
- manus
- Hand
- idem
- derselbe, der gleiche
- nicht(be)achten, vernachlässigen
- neglegere
- Himmel
- caelum
- plenus
- voll
- Bewegung
- motus
- drehen, wenden
- vertere
- Erde, Land
- terra
- memor
- in Erinnerung an
- fallen
- cadere

Trimino Lektion A 29 + B 31

- acerbus
- bitter, grausam, rücksichtslos
- Mangel, Not
- inopia
- einschätzen, beurteilen
- aestimare
- Disziplin, Lehre
- disciplina
- lehren, unterrichten
- docere
- Widerstand leisten; stehen bleiben;
- resistere
- sich üben, trainieren; quälen
- exercere
- patres (conscripti)
- Senatoren
- necessarius
- notwendig
- exstinguere
- auslöschen, vernichten
- Richtung, Seite, Teil
- pars
- incipere
- anfangen, beginnen
- Art, Weise; Maß
- modus
- reprehendere
- kritisieren, wieder aufgreifen

Trimino Lektion A 30

- Gefährte, Verbündeter
- socius
- Handlung, Untat
- facinus
- honestus
- angesehen, ehrenhaft
- ungern, gegen den Willen
- invitus
- Vorsorge treffen, sich hüten (vor)
- cavere
- difficilis
- schwierig
- wagen
- audere
- aditus
- Zugang
- (in Besitz) nehmen, (besetzt) halten
- obtinere
- Geist, Sinn, Verstand; Meinung
- mens
- condere
- verwahren, verbergen, bestatten
- niederschlagen, töten
- occidere
- custos
- Wächter(in)
- Ehre, Ehrenamt
- honor
- festsetzen, beschließen
- constituere
- erreichen, durchsetzen
- impetrare
- colligere
- sammeln
- Gesetz, Bedingung
- lex

4 Hürdenlauf

Hürde 1		Substantive
copiae	1	
navis	2	
corpus	3	
regnum	4	
potentia	5	
Hürde 2		**Nicht verwechseln!**
dum	6	
tum	7	
Hürde 3		**Verben**
praestare	8	
perspicere	9	
temperare	10	
adiungere	11	
conicere	12	
Hürde 4		**Adjektive**
ingens	13	
vehemens	14	
pulcher	15	
potens	16	
novus	17	
contentus	18	
Hürde 5		**Und andersherum ...**
für sich gewinnen	19	
genau betrachten	20	

5 Übersetzung

De morte Caesaris

1 Caesar, quamquam cunctos senatores in curiam convocaverat[1], domum relinquere non cupivit.

2 Etiam Calpurnia, uxor eius, Caesarem tenere studuit, quia inimicos mariti timuit.

3 Verbis vehementibus eum prohibere voluit, sed frustra.

4 Postquam Caesar domum suam reliquit, senex in via eum accessit et dixit:

5 „Caesar, audi! Nuntium habeo, quem statim legere debes. Dubitare non licet!"

6 Sed Caesar nuntium non legit[2], dum curiam petit.

7 Curiam intravit, cum senatores eum armis petiverunt et necaverunt.

8 Postea viri corpus eius inspexerunt[3] et nuntium invenerunt[4]. Nuntius dixit: „Senatores te hodie in curia necare volunt."

[1] convocāverat *Plusquamperfekt von convocāvit* [2] lēgit *Perfekt von legere*
[3] īnspicere, spiciō, spexī *untersuchen* [4] invenīre, veniō, vēnī *finden*

6 Trimino

vehemens

dum

Truppen
zufrieden
corpus

Körper, Leichnam
inimicus
valere

heftig, energisch, kritisch
potentia
copiae

übertreffen
feindlich, Feind

cum

(immer) wenn, als (plötzlich), (zu der Zeit) als
Macht
quamquam

mächtig, stark
während, solange, (so lange) bis
adiungere

hinzufügen, anschließen
regnum
imperium

(zusammen)werfen, folgern, vermuten

gewaltig, ungeheuer
contentus
potens

(Königs-) Herrschaft, Reich
Einfluss haben, gesund sein, stark sein

ingens

obwohl
conicere
praestare

Befehl, Befehlsgewalt, Herrschaft, Herrschaftsgebiet

1 Welche Lösung stimmt?

Jagd auf Infinitive. Finde jeweils die Infinitivform.

1	accessi E	accessisse I	accede T	arcessivisti N
2	munere Q	muni S	munire N	munite U
3	vitas E	vita R	vites I	vitavisse Q
4	clamore L	clama E	clamori R	clamare S
5	vincere I	victori S	vici I	victore N
6	cucurri E	currere U	curre L	curro S
7	commisi U	committe R	committere S	commisisti E
8	rapuisse L	rapui I	rape N	rapuistis U
9	pete I	petite Q	petis R	petivisse U
10	praestitistis S	praestas T	praestitisti U	praestitisse E

Lösung:

10	7	3	9	5	8	1	2	6	4

2 Lege et pinge

Multa nocte nonnulli viri per vias urbis currunt; capita eorum velata[1] sunt, nam clam[2] aedes Ciceronis intrare volunt. Sed Tiro eos animadvertit et magno clamore indicat[3] fures scelera committere.

[1] vēlātus *verhüllt* [2] clam *heimlich* [3] indicāre *melden*

③ Übung

Markiere in jedem Satz jeweils den AcI-Bereich sowie den Akkusativ und den Infinitiv. Übersetze dann.

1	Scimus nonnullos Romanos Caesarem in curia necavisse.
2	Romani Caesarem diu apud Cleopatram fuisse doluerunt.
3	Nemo Caesarem servum Cleopatrae esse dubitavit.
4	Audivistis Caesarem Aegyptum relinquere noluisse.
5	Senatores Caesarem morte Pompei contentum non esse putaverunt.

4 Übersetzung

Der Raub der Proserpina – und die Folgen für Mensch und Natur

1 Dum Proserpina[1], filia Cereris[2] deae, cum comitibus in pratis[3] ludit[4], Pluto[5] eam esse puellam pulchram cognovit.

2 Quia eam cupivit, eam cepit atque abduxit; amicae autem magnis vocibus:

3 „Ceres[2] dea, curre properaque! Ades, ades! Furem filiam tuam rapuisse putamus."

4 Diu Ceres[2] frustra Proserpinam[1] ubique[6] quaesivit neque eam repperit.

5 Itaque per iram negotia sua non egit: nihil[7] crevit[8].

6 Homines autem, quia cibos sumere debuerunt, Iovem deum oraverunt:

7 „Iuppiter, certe animadvertisti nos homines non iam valere: Cibi enim nobis non sunt. Libera nos a periculo!"

8 Iuppiter, postquam homines miseros esse audivit, eis protinus auxilium misit.

[1] Prōserpina *Proserpina (Tochter der Göttin Ceres)* [2] Cerēs, Cereris *Ceres (Göttin der Fruchtbarkeit und der Feldfrüchte)* [3] prātum *Wiese* [4] lūdere, lūdō *Verb zu ludus* [5] Plūtō, ōnis *Pluto (Gott der Unterwelt)* [6] ubīque *überall* [7] nihil *nichts* [8] crēscere, crēscō, crēvī *wachsen*

5 Hürdenlauf

Hürde 1		Substantive
caput	1	
auctor	2	
Hürde 2		**Verben**
abducere	3	
ruere	4	
reperire	5	
eripere	6	
laedere	7	
committere	8	
putare	9	
quaerere	10	
rapere	11	
interrogare	12	
excedere	13	
Hürde 3		**Übersetze**
scelus committere	14	
bellum committere	15	
liberos servo committere	16	
ludos committere	17	
Marcum furem putamus.	18	
Servos filiam domini rapere puto.	19	
Nemo nescit.	20	

6 Trimino

schlecht, unanständig | entreißen | glauben, meinen, m. dopp. Akk. halten für

laedere | hinausgehen, weggehen

putare

vielmehr; warum nicht? | fragen | protinus

nonnulli

sofort | abducere | improbus

nuper | anvertrauen, veranstalten, zustande bringen

Kopf, Haupt; Hauptstadt

auctor | beschädigen, verletzen, beleidigen

einige, manche | interrogare | neulich, vor kurzem

eripere | committere

eilen, stürmen, stürzen

excedere | wegführen | caput

ruere | Anführer, Gründer, Ratgeber, Verfasser | quin?

1 Übung

Setze die Konnektoren so ein, dass sich ein sinnvoller Text ergibt, und übersetze.

hodie – itaque – sed – paulo post – nam – non iam – statim

1	Caupo[1] Lucio Caesio Basso se filiam eius vidisse dicit.
2	____________ amicos convenit.
3	Eis ____________ de scelere narrat: „Audite!“
4	____________ senator Romanus venit, ____________ filiam suam quaesivit.
5	____________ filia eius ____________ in taberna mea fuit.
6	„____________ ei dixi latrones[2] cum filia Athenas[3] petere.“

[1] caupō, caupōnis m *Gastwirt* [2] latrō, latrōnis m *Räuber* [3] Athēnās *nach Athen*

2 Welche Lösung stimmt?

Wähle das passende Pronomen aus.

1	Balbus dicit ✸ filiam senatoris in via vidisse.	eum C	eam B	se A
2	Lucius Caesius Bassus putat Marcum Fundanium ✸ infestum[1] esse.	ei O	sibi P	eis R
3	Lucius Caesius Bassus existimat ✸ auctorem sceleris esse.	se C	eum A	eos B
4	Uxor senatoris ✸ id scelus commisisse non putat.	eum P	se L	eam M
5	Caupones[2] ✸ filiam senatoris vidisse negant.	sibi H	eos G	se I
6	Senator ✸ in taberna esse sentit.	eam A	se F	eas V
7	Caupo[2] concedit ✸ cum nonnullis viris in taberna sua fuisse, sed nunc non iam adesse.	se U	eum T	eam V
8	Sed audivit ✸ nave Athenas[3] petere.	se E	eos I	eas O

Lösung:

☐	☐	☐	☐	☐	☐	☐	☐
7	5	1	6	4	2	8	3

[1] īnfēstus m. Dat. *feindlich, feindselig* [2] caupō, caupōnis m *Gastwirt* [3] Athēnās *nach Athen*

3 Übersetzung

De Hercule et Deianira

Diese Geschichte handelt von dem Halbgott Herkules (Herculēs, is), seiner Ehefrau Deianira (Dēianīra) und dem Kentauren (Centaurus; Zwittergestalt, oben Mensch, unten Pferd) Nessus (Nessus).

1	Hercules et Deianira, postquam aedes patris reliquerunt, in itinere Nessum Centaurum convenerunt.
2	Nessus Herculem propter mortem aliorum Centaurorum statim petivit. Qui autem Centaurum laesit.
3	Is, quia mortem accedere sensit, Deianiram arcessivit et dixit: „Si maritum tuum numquam amittere vis, sume eam potionem[1]!“
4	Deianira potionem[1] sumpsit[2], quia maritum suum amittere non voluit.
5	Sed multis annis post[3] Hercules Deianiram non iam amavit, sed virgo pulchra ei placuit.
6	Tum Deianira potione[1] Nessi vestem Herculis aspersit[4].
7	Qui, postquam vestem induit[5], statim dolorem[6] ingentem sensit.

[1] pōtiō, potiōnis f *Trank* [2] sūmpsit *Perf. von sūmit* [3] multīs annīs post *viele Jahre später*
[4] aspergere, aspergō, aspersī *beträufeln, bespritzen* [5] induere, induō, induī *anziehen*
[6] dolor, dolōris m *Schmerz*

4 **Hürdenlauf**

Hürde 1		Substantive
animus	1	
virgo	2	
Hürde 2		**Nicht verwechseln!**
vir	3	
vis	4	
Hürde 3		**Verben**
negare	5	
crescere	6	
concedere	7	
deficere	8	
sentire	9	
existimare	10	
Hürde 4		**Und andersherum ...**
den Mut sinken lassen	11	
nicht dürfen	12	
immer wieder	13	
es ist nötig, es gehört sich	14	
Hürde 5		**Kleine Wörter**
paene	15	
vero	16	
plerique	17	
immo (vero)	18	
secum	19	
ante	20	

5 Trimino

(ein)schätzen, meinen
animus
deficere

crescere
secum
es ist nötig, es gehört sich

negare

ante
virgo

Gewalt, Kraft; Menge
existimare

(Streit-) Kräfte
sentire

erlauben, nachgeben, zugestehen
plerique

wachsen
vires
fast, beinahe

abnehmen, ermatten; verlassen, ausgehen

paene
vis

die meisten, sehr viele
mit sich, bei sich

Mädchen
oportet

fühlen, meinen, wahrnehmen
Geist, Mut, Gesinnung

concedere
vorher
verneinen, leugnen; verweigern

1 Welche Lösung stimmt?

Setze in das Imperfekt.

1	desideravi	desiderabat	T	desiderabam	R	desiderabas	N
2	sedet	sedebant	E	sedit	R	sedebat	N
3	sunt	errant	R	fuerunt	A	erant	E
4	traxisti	trahebas	M	trahebamus	N	trahebatis	S
5	turbavimus	turbamus	S	turbabamus	T	turbavi	N
6	quiescis	quietisti	O	quiescebatis	A	quiescebas	S
7	gerit	gerebat	M	gerebant	T	gerebas	E
8	facio	faciebam	O	faciebamus	I	faciebatis	U
9	volavistis	volas	M	volabatis	A	volo	U
10	volui	volabam	T	volebam	U	voluit	E
11	ruit	ruit	U	ruebant	S	ruebat	R

Lösung:											
	4	9	1	3	2	8	6	5	11	10	7

2 Lege et pinge!

Neptunus, maris deus, nautas et ventis et magnis undis terret; itaque homines, qui miseri in nave stant, supplices[1] auxilium Iovis petere student.

[1] supplex, supplicis *flehentlich*

3 Übung

Übersetze die Sätze; gib anschließend an, was das jeweilige Tempus ausdrückt.

1 Romulus Remum fratrem per iram necavit.

2 Piratae magna celeritate per mare volabant.

3 Romani hostes iterum atque iterum virtute superabant.

4 Cicero inimicos suos ex urbe expellere studebat.

5 Nox erat obscura, cum subito fures aedes intraverunt.

4 Übersetzung

Die Entführung Europas

1	Prima luce nonnullae virgines ad Ephesum[1] oppidum perveniunt; ibi de sorte misera amicae narrant:
2	„Diu Europa[2], filia regis, atque nos cum gaudio ad mare pila ludebamus[3].
3	Repente taurus[4] magna celeritate accessit.
4	Paulo post ad litus[5] consedit[6], quia vires eum defecerunt.
5	Filia regis ad taurum[4] accedere non dubitavit.
6	Iam puellam eum attingere vidimus; immo vero eam in tergo[7] bestiae ingentis sedere animadvertimus.
7	Tum autem Europa[2] se animo deficere sensit et de tergo[7] tauri[4] descendere[8] voluit.
8	At protinus bestia surrexit virginemque secum traxit. Quam per undas abduxit.“

[1] Ephesus *Ephesos (Kleinstadt in Kleinasien)* [2] Eurōpa *Europa (Tochter des Königs von Tyros in Kleinasien)* [3] pilā lūdere *Ball spielen* [4] taurus *Stier* [5] lītus, lītoris n *Küste, Strand* [6] cōnsēdit *Perf. von cōnsīdere* [7] tergum *Rücken* [8] dēscendere *herabsteigen*

5 Hürdenlauf

Hürde 1		Substantive
nauta	1	
finis	2	
ventus	3	
mare	4	
pirata	5	
celeritas	6	
unda	7	
Hürde 2		**Verben**
quiescere	8	
trahere	9	
volare	10	
sedere	11	
observare	12	
Hürde 3		**Nicht verwechseln!**
at	13	
ad	14	
atque	15	
Hürde 4		**Adjektive**
obscurus	16	
captivus	17	
Hürde 5		**Wortfamilien**
scelus – sceleratus	18	
turba – turbare	19	

6 Trimino

die Übrigen
turbare
unda

quiescere

Welle, Gewässer

Schnelligkeit
aber, jedoch, dagegen
wie oft, so oft

finis
durcheinanderbringen, stören
neque … neque

ziehen, schleppen

observare

obscurus
beobachten
Grenze, Ende;
Ziel, Zweck; *Pl.* Gebiet

celeritas

weder … noch

quotiens
trahere
ceteri

dunkel, unbekannt
at
(aus-)ruhen, schlafen

1 Welche Lösung stimmt?

Wähle das passende Adjektiv aus.

1	vento	fortis P	forti R	forte Q
2	gentem	nobilem R	nobilium S	nobile T
3	captivi	omni U	omnibus V	omnes S
4	equos	celeris E	celerem D	celeres F
5	virgo	nobilis V	nobilium U	nobile M
6	negotiis	facilis R	facilibus T	facili S
7	hospiti	probi R	probo I	probis L
8	navis	celeris I	celeri F	celeres G
9	carmen	omnium M	omnem Q	omne O

Lösung:	☐	☐	☐	☐	☐	☐	☐	☐	☐
	5	7	1	4	9	2	6	8	3

2 Formenwürfeln

equus celer	donum gratum	homo nobilis	munus facile
virgo omnis	vir probus	miles fortis	rex probus
navis celeris	puella grata	corpus omne	praeda grata
scelus facile	hospes nobilis	uxor grata	bellum omne

3 Übung

Setze in die angegebenen Formen und übersetze die letzte Form.

1 inire → 1. Pers. Sg. Präs. → Perf. → Pl. → Impf. → 2. Pers. → übersetze

2 perire → 3. Pers. Sg. Perf. → Pl. → Impf. → Sg. → Präs. → übersetze

3 ire → Perf. → 2. Pers. Sg. Impf. → Perf. → Pl. → Präs. → übersetze

4 transire → 3. Pers. Sg. Präs. → Pl. → Perf. → Sg. → Impf. → übersetze

5 adire → 2. Pers. Pl. Perf. → Impf. → Sg. → Perf. → Präs. → übersetze

6 ire → Imperativ Sg. → Pl. → 1. Pers. Pl. Impf. → Sg. → Präs. → übersetze

4 Hürdenlauf

Hürde 1		Substantive
praeda	1	
classis	2	
fortuna	3	
Hürde 2		**Adjektive**
celer	4	
probus	5	
nobilis	6	
fortis	7	
gratus	8	
omnis	9	
facilis	10	
Hürde 3		**Verben**
inire	11	
deserere	12	
fugere	13	
perire	14	
instare	15	
transire	16	
adire	17	
regere	18	
fallere	19	

5 Übersetzung

De Romeo et Iulia

1 Pater Romei, adulescentis nobilis, et pater Iuliae, virginis pulchrae, inimici erant.

2 In convivio Romeus Iuliam aspexit eamque statim amavit. Qui etiam Iuliae placuit.

3 Itaque Romeus postea Iuliam adiit, quae eum iam exspectabat.

4 Paulo post Romeus clam[1] Iuliam in matrimonium duxit[2].

5 Sed rex, qui oppidum regebat, Romeum ex oppido eiecit[3], quod virum necaverat[4].

6 Parentes autem Iuliae voluerunt eam Paridi, adulescenti nobili, nubere[5].

7 Iulia fortis venenum[6] sumpsit[7], quod ei somnum dedit, nam uxor Paridis esse noluit.

8 At Romeus, qui consilium Iuliae ignorabat, oppidum petivit, Iuliam vidit et putavit eam mortuam[8] esse. Itaque non dubitavit et se statim necavit.

9 Postquam Iulia e somno excitata est[9] et Romeum mortuum[8] vidit, se necavit.

[1] clam *heimlich* [2] in mātrimōnium dūcere *heiraten* (mātrimōnium *Ehe*) [3] ēiēcit *er vertrieb* [4] necāverat *Plusquamperfekt zu necat* [5] nūbere, nūbō *(m. Dat.) heiraten* [6] venēnum *Gift* [7] sūmpsit *Perf. zu sūmit* [8] mortuus *tot* [9] excitāta est *sie wachte auf*

6 Trimino

facilis

fliehen (vor), meiden | leicht (zu tun) | deserere

probus

celer

lenken, leiten; beherrschen | Flotte; Abteilung

fallere

tapfer, kräftig | täuschen, betrügen

schnell | instare | fugere

ganz, jeder; Pl. alle | adelig, berühmt, vornehm

im Stich lassen, verlassen | nobilis | fortis

anständig, gut | bevorstehen, hart zusetzen | perire

zugrunde gehen umkommen | classis | omnis

regere

1 Welche Lösung stimmt?

Bestimme, welches Tempus vorliegt.

1	credidi	Plusquamperfekt N	Präsens O	Perfekt D
2	turbamus	Präsens N	Imperfekt P	Perfekt I
3	erant	Perfekt I	Plusquamperfekt U	Imperfekt A
4	promiserat	Imperfekt I	Präsens D	Plusquamperfekt P
5	flexerunt	Perfekt O	Plusquamperfekt D	Präsens C
6	donabat	Präsens O	Perfekt A	Imperfekt I
7	errant	Plusquamperfekt I	Präsens C	Imperfekt P
8	ieratis	Präsens C	Perfekt D	Plusquamperfekt I
9	fallebat	Perfekt A	Plusquamperfekt N	Imperfekt U
10	rexerant	Präsens I	Imperfekt P	Plusquamperfekt D

Lösung:

10	8	1	5	4	9	2	6	7	3

2 Übung

Setze in die angegebenen Formen und übersetze die letzte Form.

1	flecto → Perf. → Pl. → Plusqpf. → 2. Pers. → Präs. → übersetze
2	promisisti → Pl. → Plusqpf. → Impf. → 1. Pers. → Perf. → übersetze
3	adit → Perf. → Plusqpf. → Impf. → 1. Pers. → Plusqpf. → übersetze
4	institerant → 2. Pers. → Perf. → Präs. → Sg. → 1. Pers. → übersetze
5	fuistis → 3. Pers. → Plusqpf. → Präs. → Impf. → Sg. → übersetze

3 Lege et pinge!

Dido, postquam Aeneam clarum cum comitibus navem ascendere[1] vidit, lacrimas non iam tenuit et per iram vestem pulchram, quam Aeneas ei donaverat, dilacessivit[2].

[1] ascendere *besteigen* [2] dīlacessere *zerreißen*

4 Trimino

(sittlich) schlecht, hässlich, schändlich

versprechen

dolus

causa

crudelis

flectere

nimis

List, Täuschung

donare

iucundus

Küste, Strand

Schicksal, Göttersprucht

Gebiet, Gegend, Lichtung

Ursache, Sache, Prozess

intus

schenken

nachher, später

hinzufügen

(all)zu, (all)zu sehr

praeda

pius

fatum

traurig, unfreundlich

fromm, gerecht, pflichtbewusst

promittere

adicere

gern

tam

se gerere

regio

so

sich verhalten

grausam

postea

Beute

tristis

angenehm, erfreulich

desinere

aufhören

litus

libens

turpis

biegen (hin)lenken, umstimmen

im Inneren, innen

5 Übersetzung

Der Untergang Trojas

1	Nox erat obscura, cum Aeneas subito clamorem audivit. Qui statim ex aedibus suis volavit, dum ubique[1] aedificia flagrant[2].
2	Iam comites ei nuntiaverunt Graecos ex equo ligneo[3] excessisse et portas ingentes urbis aperuisse.
3	Itaque Aeneas consilium fugiendi[4] cepit.
4	Vir pius amicos ad se vocavit et dixit:
5	„Amici fortes, certe vidistis Troiam perisse. Graeci improbi, qui iam multos Troianos crudeliter necaverant, dolo turpi nos fefellerunt.
6	Itaque Troiam relinquere debemus: Fugite mecum! Nam auxilio deorum nobis patriam novam parare cupio.
7	Ibi iucunde vivere nobis licebit[5]. Credite mihi: Id est fatum nostrum!“

[1] ubīque *überall* [2] flagrāre *brennen* [3] līgneus *hölzern* [4] cōnsilium fugiendī *Fluchtplan*
[5] licēbit *Futur von licet*

6 Hürdenlauf

Hürde 1		Substantive
litus	1	
dolus	2	
fatum	3	
regio	4	
navis	5	
Hürde 2		**Verben**
desinere	6	
flectere	7	
adicere	8	
Hürde 3		**Adjektive**
libens	9	
tristis	10	
turpis	11	
crudelis	12	
improbus	13	
pius	14	
Hürde 4		**Kleine Wörter**
sponte mea	15	
paene	16	
tam	17	
Hürde 5		**Wortfamilien**
donum – donare	18	
celeritas – celer	19	
post – posteri	20	

1 Übung

Setze in die angegebenen Formen und übersetze die letzte Form.

1 statuere → 1. Pers. Sg. Präs. → Perf. → Futur → Impf. → Plusqpf. → übersetze

2 confirmare → 3. Pers. Sg. Perf. → Plusqpf. → Impf. → Futur → Präs. → übersetze

3 redire → Perf. → 2. Pers. Sg. Impf. → Futur → Plusqpf. → Präs. → übersetze

4 esse → 3. Pers. Sg. Präs. → Pl. → Perf. → Futur → Plusqpf. → übersetze

5 adicere → 2. Pers. Pl. Perf. → Impf. → Plusqpf. → Futur → Präs. → übersetze

6 sedere → Imperativ Sg. → Pl. → 1. Pers. Pl. Impf. → Futur → Präs. → übersetze

1 Übung

Setze in die angegebenen Formen und übersetze die letzte Form.

1 condere → 1. Pers. Sg. Präs. → Perf. → Futur I → Futur II → Impf. → übersetze

2 aedificare → 3. Pers. Sg. Perf. → Plusqpf. → Impf. → Futur I → Präs. → übersetze

3 perire → Perf. → 2. Pers. Sg. Impf. → Futur II → Plusqpf. → Präs. → übersetze

4 esse → 3. Pers. Sg. Präs. → Pl. → Perf. → Futur I → Plusqpf. → übersetze

5 fugere → 2. Pers. Pl. Futur II → Impf. → Plusqpf. → Futur I → Präs. → übersetze

6 sedere → Imperativ Sg → Pl. → 1. Pers. Pl. Impf. → Futur I → Präs. → übersetze

2 Welche Lösung stimmt?

Finde den Irrläufer.

1	confirmabunt R	erunt V	surgunt U	intellegent T
2	exitis P	statuitis Q	flectetis O	monetis S
3	adiciebam B	donabam D	deserebam E	intellegam C
4	redii V	insto T	fallebam X	iussisti U
5	rexit M	credidit N	donavit P	monet R
6	erimus L	quaerimus M	deserimus N	reperimus O
7	adibunt F	eripient G	promittebant M	excedent L
8	senties E	comites A	abduces I	cresces U

Lösung:

☐	☐	☐	☐	☐	☐	☐	☐
2	5	8	3	1	6	4	7

3 Formenwürfeln

intellegere	confirmare	exire	esse
statuere	iubere	donare	adicere
fugere	instare	regere	deserere
existimare	sentire	audire	terrere

4 Hürdenlauf

Hürde 1		Substantive
legatio	1	
sacerdos	2	
supplicium	3	
civitas	4	
cura	5	
superbia	6	
legatus	7	
Hürde 2		**Nicht verwechseln!**
ac	8	
at	9	
Hürde 3		**Verben**
intellegere	10	
redire	11	
confirmare	12	
exire	13	
statuere	14	
Hürde 4		**Und andersherum ...**
beenden, aufhören mit	15	
Hürde 5		**Kleine Wörter**
quando?	16	
aliter	17	
antea	18	
ut	19	

5 Übersetzung

Der Gott Aeskulap aus Epidaurus kommt nach Rom

In der Stadt Epidaurus in Griechenland stand der berühmteste Tempel des Heilgottes Äskulap (Aesculāpius, ī m), der von vielen Menschen aus der ganzen Welt aufgesucht wurde, um den Rat des Gottes einzuholen und sich von Leiden heilen zu lassen. Als Rom einst von einer verheerenden Seuche heimgesucht wurde, herrschte zunächst große Ratlosigkeit.

1 Pestilentia[1] ingens omni civitati instabat. Multos homines iam necaverat, alii sorte turpi dolebant.

2 Diu homines de salute sua desperabant, sed tandem libros Sibyllae[2], qui sortes dabant, consuluerunt.

3 Oraculum dixit eos legatos ad templum dei Aesculapii mittere debere. Cui Romani[3] statim paruerunt.

4 Ibi sacerdotes Aesculapii dixerunt: „Sumite eam serpentem[4]. Si eam in patriam portabitis, semper salvi[5] eritis. Numquam pestilentia[1] vos adibit. Aliter fortuna vobis numquam aderit."

5 Ac legati cum serpente[4] templum reliquerunt mareque transierunt.

6	Iam nave urbem accesserunt, cum subito serpens[4] navem reliquit. In Tiberi flumine[6] autem insula[7] sita[8] erat, quam serpens[4] statim petivit.

7	Ibi ad legatos dixit: “Hic manebo, hic templum deo Aesculapio statuite!”

[1] pestilentia *Pest* [2] Sibylla *die Sibylle (Wahrsagerin)* [3] Rōmānī *die Römer* [4] serpēns, serpentis f *Schlange* [5] salvus *gesund* [6] Tiberis flūmen, Tiberis flūminis n *der (Fluss) Tiber* [7] īnsula *Insel* [8] situs *gelegen*

6 Trimino

Priester(in)
supplicium
ac

flehentliches Bitten; Strafe, Hinrichtung
intellegere

aufstellen, beschließen, festsetzen
cura
exire

und, und auch
statuere

Stolz, Überheblichkeit

herausgehen

legatus

bekräftigen, ermutigen, stärken
Sorge, Pflege

(be)merken, verstehen
superbia
confirmare

Bürgerrecht, Gemeinde, Staat
Gesandter, Bevollmächtigter
sacerdos

civitas

1 Welche Lösung stimmt?

Verwandle Singular in Plural und umgekehrt; verwandle außerdem Aktiv in Passiv und umgekehrt.

1	interrogo	interrogamus	B	interrogabimur	I	interrogamur	A
2	relinquemini	reliquisti	M	relinques	U	relinquis	L
3	narrabat	narrabitur	F	narrabantur	A	narrabuntur	L
4	permoves	permovemini	M	permoveris	R	permoveor	U
5	inveniebant	invenietur	U	inveniebantur	L	inveniebatur	I
6	capitis	caperis	A	capimini	U	capiemini	M
7	perterremur	perterremus	I	perterrebor	B	perterreo	F
8	audiemini	audiebas	B	audis	M	audies	L
9	ostendunt	ostenduntur	F	ostendit	I	ostenditur	R
10	cognoscar	cognoscimus	A	cognoscemus	B	cognoscam	U

Lösung:

7	3	10	2	8	6	4	5	9	1

2 Übung

Setze in die angegebenen Formen und übersetze die letzte Form.

1 das → Pass. → Pl. → Futur → 1. Pers. → Impf. → übersetze

2 dimittentur → Sg. → Präs. → Impf. → Akt. → 2. Pers. → übersetze

3 vidisti → Futur → Pass. → 1. Pers. → Pl. → Impf. → übersetze

4 conducebaris → Pl. → Futur → Akt. → Perf. → Plusqpf. → übersetze

5 inveniunt → Perf. → Impf. → Pass. → Sg. → 1. Pers. → übersetze

6 commovebis → Präs. → Pl. → Plusqpf. → Impf. → Pass. → übersetze

7 perterrebor → Pl. → Präs. → Impf. → Akt. → Perf. → übersetze

8 movet → Pass. → Futur → 1. Pers. → Akt. → Plusqpf. → übersetze

3 Übersetzung

Eine Werwolfgeschichte

1	Nunc fabulam incredibilem de viro miro leges:
2	„Quondam duo adulescentes tempore nocturno inter monumenta[1] convenerunt.
3	Alter[2], qui eo loco vocibus ignotis permovetur atque perturbatur, animo deficit.
4	Alter[2] autem primo sidera[3] obscura suppliciis adit; deinde omnes vestes deponere instituit, tum in monstrum mutatur[4].
5	Mox lupus[5] turpis videtur: Qui crudeliter ululat[6] et magna celeritate fugit.
6	Comes eius vestes amici tollere vult.
7	At vestes lapides[7] sunt: Itaque adulescens ferrum corripere statuit; quo vestes miras pellit.
8	Denique domum redit; ibi amicum, qui multo sanguine affectus[8] est, invenit.“

[1] inter monumenta *zwischen Grabsteinen* [2] alter ... alter *der eine ... der andere*
[3] sīdus, sīderis n *Gestirn, Stern* [4] mūtāre *ändern, wandeln* [5] lupus *Wolf*
[6] ululāre *heulen* [7] lapis, idis m *Stein* [8] multō sanguine affectus *blutüberströmt*

4 Trimino

- Schweigen, Stille / weit, groß, bedeutend
- monstrum / weggehen / wunderbar, erstaunlich
- liber / invenire / Geschichte, Erzählung, Theaterstück
- erst, einmal; manchmal
- fabula / Dunkelheit, Finsternis
- abire
- tenebrae / beunruhigen, veranlassen / mox
- abwesend sein, fehlen
- bald, dann

incredibilis

amplus

perterrere

frei

(günstige) Zeit; *Pl.* Umstände

ferrum

derartig, ein solcher, so (beschaffen)

abesse

Philosoph

unglaublich

silentium

finden, erfinden

talis

Ungeheuer; Gespenst Wunderzeichen;

philosophus

quondam

tempus

permovere

Eisen, Waffe

sehr erschrecken, einschüchtern

mirus

5 Hürdenlauf

Hürde 1		Substantive
monstrum	1	
vinculum	2	
tenebrae	3	
silentium	4	
philosophus	5	
Hürde 2		**Verben**
procedere	6	
perturbare	7	
perterrere	8	
abesse	9	
abire	10	
invenire	11	
sinere	12	
Hürde 3		**Adjektive**
mirus	13	
talis	14	
ignotus	15	
liber	16	
amplus	17	
incredibilis	18	
Hürde 4		**Übersetze!**
antiquis temporibus	19	
tempore nocturno	20	

1 Welche Lösung stimmt?

Wähle das passende PPP aus.

1	Cives a Marco Porcio et Lucio Valerio ✱ erant.	convocatae T	convocati S	convocatis V
2	Hostiae[1] a compluribus viris ✱ sunt.	actae U	acti V	actis T
3	Capita hostiarum ✱ erant.	ornati C	ornatarum B	ornata A
4	Sacerdos sanguinem hostiarum ✱ excepit.	interfectum P	interfectarum R	interfectus S
5	Sacerdotes hostias ad aram ✱ necaverunt.	ductos E	ducti C	ductas D
6	Exta[2] hostiarum a sacerdotibus ✱ sunt.	probata S	probatarum A	probatae X
7	Scimus deos summa cum religione a hominibus ✱ esse.	cultum L	culta N	cultos M
8	Officia deis ✱ semper servata sunt.	debita E	debitis G	debito D

Lösung: ☐ ☐ ☐ ☐ ☐ ☐ ☐ ☐
7 3 4 1 5 8 2 6

[1] hostia *Opfertier* [2] exta, ōrum n *Eingeweide*

2 Lege et pinge!

Bestia a sacerdotibus ducta subito in turbam hominum cucurrit. Homines perterriti sunt et magna celeritate discesserunt. Sacerdotes deos precibus appellaverunt, nam iram deorum timuerunt. Liberi nonnulli a bestia non perturbati riserunt.

3 Übung

Markiere den Partizipialbereich (Bezugswort bis Partizip) und übersetze auf zwei verschiedene Arten (wörtlich, mit Relativsatz oder mit Adverbialsatz).

1 Dei ira commoti homines necare voluerunt.

2 Prometheus dimidium[1] bestiae necatae deis promisit.

3 Iuppiter ira completus Prometheum ad se vocavit.

4 Ignis[2] a Prometheo donatus hominibus placuit.

5 Homines igne a Prometheo dato bestiis imperabant.

6 Iuppiter Prometheum a hominibus amatum in Tartarum[3] misit.

[1] dīmidium *Hälfte* [2] īgnis, is m *Feuer* [3] Tartarus *der Tartarus (Unterwelt)*

4 Übersetzung

Eine verzweifelte Ehefrau

1 Claudiae, uxori Auli, liberi non erant.
Itaque Claudia a matre monita ad templum Iunonis adiit.

2 Ibi a sacerdote ad aram deae ante templum positam ducta est.
Ante aram constitit et ea verba dixit:

3 „Dea magna, supplex te oro. Audi preces meas. Iam multos annos uxor Auli sum, sed dei potentes Aulo et mihi liberos habere non concesserunt. Ades nobis!

4 Parentes Auli, quibus tres[1] filii et duae filiae sunt, matrimonium iam finire[2] cupiunt. Putant officia uxoris a me servata non esse.

5 Non ignoro te semper a me summa cum religione cultam esse.

6 Aspice eas columbas[3], quas tibi immolabo[4].
Si preces meas audivisti, dona nobis liberos."

[1]trēs *drei* [2]fīnīre *beenden* [3]columba *Taube* [4]immolāre *opfern*

5 Trimino

öffentlich, staatlich

mehrere

deligere

nomen

Dienst, Pflicht(gefühl)

interficere

ponere

officium

Bitte, *Pl.* Gebet

(aus)wählen

augere

um ... herum, rings um

civis

gloria

Feld, freier Platz, Ebene

lang, weit

aufnehmen, eine Ausnahme machen

sanguis

vermehren, vergrößern

instruere

campus

töten, vernichten

supplex

excipere

Blut

annus

(auf)stellen, (hin)legen, setzen

circum

aufstellen, ausrüsten; unterrichten

Name

Jahr

respicere

allmählich

prex

Bürger

paulatim

zurückblicken; berücksichtigen

longus

publicus

Ehre, Ruhm

demütig bittend

complures

6 Hürdenlauf

Hürde 1		Substantive
civis	1	
annus	2	
officium	3	
gloria	4	
religio	5	
Hürde 2		**Verben**
instruere	6	
deligere	7	
ponere	8	
interficere	9	
excipere	10	
augere	11	
mandare	12	
respicere	13	
Hürde 3		**Übersetze**
summa cum religione	14	
nuntiis commotus	15	
cives convocati	16	
Hürde 4		**Adjektive**
complures	17	
supplex	18	
Hürde 5		**Kleine Wörter**
circum	19	
paulatim	20	

1 Welche Lösung stimmt?

Ordne die richtige Form von hic, haec, hoc zu.

1	sacerdotes	his A	has U	horum L
2	belli	hi M	huic C	huius T
3	spectaculo	hoc E	hunc L	his M
4	homini	huius T	hi E	huic C
5	turba	hanc E	haec U	has A
6	ducum	hunc A	horum M	hos U
7	dignitate	hac P	haec E	hae C
8	equitibus	huic B	hi M	his L
9	hostes	hic P	hi A	his L
10	praedae	haec A	hae C	has T
11	arma	haec S	hae P	has E

Lösung:											
	11	7	3	4	2	9	10	5	8	1	6

2 Lege et pinge!

Caesar victor, cui Romani triumphum decreverunt, magno cum gaudio incedit: In via sacra[1] multitudo hominum praeda permota imperatorem laetitia exsultat[2], nonnulli senatores autem, inimici Caesaris, per iram iam insidias ei parant.

[1] via sacra *heilige Straße (auf der ein Triumphzug stattfand)* [2] laetitiā exsultāre *bejubeln*

3 Übung

Setze in die angegebenen Formen und übersetze die letzte Form.

1	ille consul → Pl. → Dat. → Sg. → Gen. → übersetze
2	illarum sacerdotum → Abl. → Sg. → Akk. → Nom. → übersetze
3	illis agminibus → Nom. → Sg. → Dat. → Abl. → übersetze
4	illos homines → Sg. → Nom. → Pl. → Gen. → übersetze
5	illam victoriam → Pl. → Abl. → Dat. → Sg. → übersetze

4 Übersetzung

1 Manifestum est imperatores Romanos triumphantes[1] antiquis temporibus milites suos per forum Romanum duxisse.

2 Nonnulli victores autem praeclaro arcu[2] in foro posito a populo Romano donati sunt.

3 Tito quoque imperatori arcus[2] decretus est; qui temporibus quoque nostris in foro aspicitur.

4 Ille enim Iudaeos[3], hostes Romanorum, magno bello superaverat.

5 Romani gloriam illius servari crediderunt, si signum atque triumphus eius in arcu[2] fictus esset[4].

6 Intus Victoria dea Titum imperatorem a Roma dea ductum corona[5] aurea ornat.

[1] triumphantēs *wenn sie einen Triumphzug feierten* [2] arcū *Abl. Sg. von arcus Bogen*
[3] Iūdaeus *Jude* [4] fictus esset *dargestellt wäre(n)* [5] corōna *Kranz*

5 Trimino

Not, Elend, Unglück
golden
ille, illa, illud

Würde, Ansehen; (gesell-schaftliche) Stellung
incedere
eques

tantus

tabula
dieser, diese, dieses (hier); folgender
dux

aes
so groß, so viel
königlich

jener, jene, jenes
argentum
dahin, dorthin

illuc
conficere

beenden, fertigmachen
Reiter, Ritter

regius
heranrücken, eintreten; (jmd.) befallen

sterblich; Subst. Mensch

Tafel,
Gemälde; Aufzeichnung

zugleich, gleichzeitig

triumphus

mortalis

nimius

Anführer

Erz, Geld

hic, haec, hoc

aureus

dignitas

simul

übermäßig, zu groß

miseria

großartig

Silber

Triumph(zug)

spectaculum

praeclarus

Schauspiel

6 Hürdenlauf

Hürde 1		Demonstrativpronomina
is, ea, id	1	
hic, haec, hoc,	2	
ille, illa, illud	3	
Hürde 2		**Kleine Wörter**
simul	4	
illuc	5	
Hürde 3		**Sachfeld „Triumphzug“**
spectaculum	6	
triumphus	7	
dignitas	8	
praeda	9	
aes hostium	10	
captivus	11	
miles	12	
dux	13	
imperator	14	
victor	15	
sacerdos	16	
senator	17	
Hürde 4		**Wortfamilien**
aurum – aureus	18	
rex – regnum – regius	19	
miseria – miser	20	

1 Welche Lösung stimmt?

Wähle das passende PPA aus.

1	Echo Narcissum bestias ✸ aspexit.	capientes C	capientem D	capientis E
2	Narcissus virginem ✸ non vidit.	accedentem U	accedens V	accedentes T
3	Echo amore ✸ Narcissum vocare temptavit.	ardente P	ardens O	ardentem Q
4	Narcissus verba puellae ✸ audivit.	clamantia B	clamantem R	clamantis I
5	Narcissus puellam ✸ vocat.	clamantem S	clamans R	clamanti A
6	Iuvenis ✸ puellae occurrit.	fugiens I	fugientis L	fugientes G
7	Echo a Narcisso ✸ repulsus est.	fugientem T	fugientis U	fugiente V

Lösung:							
	3	7	6	1	4	2	5

2 Übung

Bilde das PPA und passe es an das Substantiv an.
Die Zahl hinter dem Verb zeigt an, dass mehr als eine Form gebildet werden muss.

1	amicos (currere)	
2	amoris (crescere)	
3	bestiae (venire) 3	
4	viris (adire)	
5	silva (ardere) 2	

3 Übersetzung

Actaeon

Der jugendliche Held Actaeon (Actaeōn, onis m) war ein leidenschaftlicher Jäger.

1 Iuvenes cum Actaeone in silva vestigia bestiarum quaerentes quiescere cupiverunt. Itaque Actaeon ad viros: „Vobis domum ire et quiescere licet."

2 Actaeon, cui natura loci placuit, diu per silvam errabat. Tandem autem stagnum[1] iucundum arboribus circumdatum[2] invenit.

3 Subito iuvenis voces audiens celeriter ad stagnum[1] accessit.

4 Virgines in aqua stantes vidit. Una autem virginum alias pulchritudine[3] superavit.

5 Quae, ubi Actaeonem aspexit, ira ardens dixit: „Tu me, Dianam deam, nudam[4] aspexisti. Itaque te mutabo[5]. Nolo enim te id comitibus narrare."

6 Et profecto iuvenis a Diana in cervum[6] mutatus[5] est; subito ei cornua[7] creverunt.

7 Tum canes[8] Actaeonem crudeliter necaverunt, quod eum non iam cognoverunt.

[1] stāgnum, ī n *Teich* [2] circumdare, dō, dedī, datum *umgeben*
[3] pulchritūdō, inis f Substantiv zu pulcher [4] nūdus, a, um *nackt* [5] mūtāre *verwandeln*
[6] cervus, ī m *Hirsch* [7] cornū, ūs n *Horn* [8] canis,is m *Hund*

4 Hürdenlauf

Hürde 1		Substantive
iuvenis	1	
dolor	2	
membrum	3	
arbor	4	
ager	5	
Hürde 2		**Verben**
accendere	6	
recipere	7	
tangere	8	
solvere	9	
accipere	10	
vetare	11	
occurrere	12	
Hürde 3		**Nicht verwechseln!**
repetere	13	
repellere	14	
Hürde 4		**Übersetze**
amore accensus	15	
se recipere	16	
Hürde 5		**Kleine Wörter**
hinc	17	
magis	18	
inter	19	
huc	20	

5 Trimino

Baum
auflösen, bezahlen, lösen
iuvenis

aufnehmen, wiederbekommen, zurücknehmen
hinc

Acker, Feld, Gebiet
berühren
vetare

nihil
occurrere

Schmerz
repellere
ager

begegnen, entgegentreten
anfeuern, anzünden
magis

verhindern, verbieten
vestigium

endlich
nichts
dolor

junger Mann; jung
rursus

arbor

wieder
zurückstoßen, abweisen, vertreiben
recipere

mehr, eher
tangere

solvere
demum

von hier, hierauf
Fußsohle, Spur, Stelle

accendere

1 Welche Lösung stimmt?

Passe jeweils die richtige Form des Partizips an.

1	amore	mota	E	moto	T	moti	L
2	labores	susceptis	O	susceptos	L	susceptum	T
3	uxori	desiderantis	S	desiderante	L	desideranti	O
4	familiam	perdentem	E	perdentium	A	perdentes	C
5	curae	pressa	E	pressam	S	pressae	H
6	solacia	acceptum	T	accepta	M	acceptos	H
7	iuvenis	repellenti	C	repellentes	E	repellens	A
8	hospitum	accipienti	A	accipiente	L	accipientium	E
9	agrum	cultos	O	cultorum	C	cultum	S
10	coniuge	nupti	S	nupta	C	nuptum	A

Lösung:

1	8	2	4	6	7	10	5	3	9

2 Lege et pinge!

Ulixes diu per mare altum errat: Tandem Calypsum videt. Quae virum praeclarum animadvertens magno amore permota est. Itaque illum cum amicis ad cenam vocat.

3 Übung

Setze in die angegebenen Formen und übersetze die letzte Form.

1 ipsum consulem → Pl. → Gen. → Dat. → Sg. → übersetze

2 illos coniuges → Abl. → Sg. → Gen. → Nom. → übersetze

3 haec solacia → Nom. → Sg. → Dat. → Akk. → übersetze

4 earum epistularum → Sg. → Abl. → Dat. → Pl. → übersetze

5 quibus opibus → Akk. → Gen. → Dat. → Sg. → übersetze

6 ipsas coniuges → Abl. → Sg. → Gen. → Nom. → übersetze

7 hoc bonum → Gen. → Pl. → Abl. → Sg. → übersetze

8 iis vigiliis → Akk. → Sg. → Abl. → Gen. → übersetze

4 Übersetzung

Odysseus' List: Wer ist schon Nemo?

Odysseus schreibt seiner Frau Penelope einen Brief über ein Erlebnis während seiner Irrfahrt:

1	Quondam cum comitibus ad locum ignotum perveni; quo loco speluncam[1] inveni.
2	Fame sitique[2] agitati cibos pulchros vinumque praeclarum libenter capiebamus, cum subito Polyphemus ingens speluncam[1] intravit.
3	Qui, quamquam uno oculo eguit[3], tamen protinus fures in spelunca[1] sua esse intellegens magna voce interrogavit:
4	„Ubi est ille fur, qui meos cibos, meum vinum tollit? Eum perdere cupio!"
5	Equidem multa cogitans ei supplex respondi: „Vir probe, ignosce[4] mihi! ‚Nemo' mihi est nomen!"
6	Deinde oculum Polyphemi effodimus[5], quia vitam nostram servare voluimus.
7	Speluncam[1] celeriter relinquentes audiebamus Polyphemum magno cum clamore flentem frustra „Neminem" quaerere. Vale!

[1] spēlunca *Höhle* [2] fame sitīque *von Hunger und Durst* [3] egēre, egeō, eguī m. Abl. *nicht haben*
[4] īgnōscere *verzeihen* [5] effodere, effodiō, effōdī *blenden*

5 Trimino

- suscipere / Nachtwache, (Wach-) Posten
- Burg / sustinere
- perpetuus / Angst, Furcht
- Brief / Hilfe; Kraft; *Pl.* Macht, Mittel, Reichtum
- tectum / iacere
- consumere / auf sich nehmen, sich (einer Sache) annehmen, unternehmen
- coniunx / Dach, Haus
- contingere / Trost (mittel)
- timor / arx

consulere in

opus est

verlieren, verschwenden, zugrunde richten

berühren; gelingen

kaum, (nur) mit Mühe

verbrauchen, verwenden

ertragen, standhalten

perdere

ops

vix

es ist nötig, man braucht

dauerhaft, ewig

liegen

epistula

solacium

vigilia

Maßnahmen ergreifen gegen

Gatte, Gattin

6 Hürdenlauf

Hürde 1		Verben
iacere	1	
sustinere	2	
perdere	3	
suscipere	4	
metuere	5	
premere	6	
consumere	7	
contingere	8	
Hürde 2		**Substantive**
epistula	9	
solacium	10	
timor	11	
ops	12	
audacia	13	
bonum	14	
Hürde 3		**Nicht verwechseln!**
vis	15	
vir	16	
vix	17	
vita	18	
Hürde 4		**Unpersönliche Ausdrücke**
oportet	19	
opus est	20	

1 Übung

Setze in die entsprechende Form des Perfektstammes
(Präsens → Perfekt; Futur I → Futur II; Imperfekt → Plusquamperfekt).

1	accipiam	
2	dabas	
3	reducimus	
4	facietis	
5	movent	
6	indicabatis	
7	frangunt	
8	agemus	
9	mitto	
10	habebat	
11	optabitis	
12	tempto	
13	permoves	
14	vinces	
15	incedebat	
16	capio	
17	incedes	
18	faciebant	

2 Hürdenlauf

Hürde 1		Substantive
pons	1	
fuga	2	
timor	3	
pugna	4	
Hürde 2		**Verben**
accipere	5	
reducere	6	
optare	7	
indicare	8	
frangere	9	
temptare	10	
Hürde 3		**Übersetze**
fuga salutem petere	11	
Hürde 4		**Adjektive**
infestus	12	
divinus	13	
recens	14	
Hürde 5		**Kleine Wörter**
nisi	15	
igitur	16	

3 Trimino

- frangere / zurückführen, zurückziehen
- zerbrechen / pugna
- nisi / göttlich
- igitur / Angst, Furcht
- entgegengesetzt, feindlich / fuga / also, folglich
- optare / angreifen; prüfen, versuchen
- temptare / pons
- Kampf / frisch, neu
- reducere / wenn nicht / interea
- indicare / Flucht
- inzwischen, unterdessen / accipere / anzeigen, melden
- divinus / wünschen / adversus
- recens / aufnehmen, erhalten, erfahren
- Brücke / timor

1 Übung

Setze in die angegebenen Formen.

1	manus → Dat. Sg. → Pl. → Akk. → Sg. → Gen. → Pl.
2	terra → Gen. Sg. → Pl. → Abl. → Sg. → Akk. → Dat.
3	tectum → Akk. Pl. → Gen. → Sg. → Dat. → Abl. → Pl.
4	motus → Abl. Sg. → Dat. → Akk. → Pl. → Nom. → Gen.
5	coniunx → Akk. Sg. → Gen. → Pl. → Abl. → Sg. → Dat.
6	campus → Nom. Pl. → Abl. → Akk. → Sg. → Gen. → Abl.
7	gemitus → Abl. Sg. → Gen. → Pl. → Nom. → Akk. → Sg.

2 Welche Lösung stimmt?

Welche Form von idem passt zu dem gegebenen Substantiv?

1	domum	idem G	eundem H	eandem I
2	senatui	eidem P	eodem R	idem S
3	caelo	iidem D	eodem E	eadem C
4	metum	eodem M	eundem O	eandem N
5	magistratus	iidem O	eidem Q	eodem L
6	vigilias	eaedem A	easdem D	eosdem B
7	lectos	eundem I	eiusdem O	eosdem N
8	iuvenum	eorundem S	earundem T	eiusdem V

Lösung: ☐ ☐ ☐ ☐ ☐ ☐ ☐ ☐

2 5 8 3 1 6 4 7

3 Übersetzung

Sommer und Winter

Die Menschen der Antike erklärten sich viele Naturerscheinungen durch das Eingreifen von Göttern. So waren zwei Fruchtbarkeitsgöttinnen, Ceres (Cerēs, Cereris f) und ihre Tochter Proserpina (Prōserpina f), für den Wechsel der Jahreszeiten verantwortlich.

1	Cereri deae filia pulchra nomine Proserpina erat. Quia puella tam pulchra erat, etiam Hades deus amore accensus est.
2	Hades eam, dum sola flores[1] carpit[2], in regnum suum abduxit ibique tenuit.
3	Mater Proserpinae metu filiae commota per omnes terras erravit, semper nomen filiae vocavit, cunctos homines interrogavit, sed frustra: Puellam reperire ei non licuit.
4	Tandem Iuppiter luctu matris motus ad Cererem dixit: „I ad Hadem morti imperantem. Ibi filiam tuam invenies.“
5	Ceres statim Hadem adiit et filiam vehementer repetivit. Hades autem, quia Proserpinam amittere noluit, ad matrem dixit:
6	„Si filiam sex menses[3] in regno meo vivere sines, ei sex menses in terra vivere licebit. Ita aestate[4] cuncta crescent, alio tempore anni nihil crescet.“

[1] flōs, flōris m *Blume* [2] carpere *pflücken* [3] sex mēnsēs *sechs Monate* [4] aestās, ātis f *Sommer*

4 Hürdenlauf

Hürde 1		Substantive
magistratus	1	
caelum	2	
domus	3	
luctus	4	
manus	5	
terra	6	
fluctus	7	
Hürde 2		**Verben**
persuadere	8	
tendere	9	
neglegere	10	
vertere	11	
frangere	12	
cadere	13	
demittere	14	
Hürde 3		**Nicht verwechseln!**
motus	15	
metus	16	
Hürde 4		**Adjektive**
sacer	17	
plenus	18	
Hürde 5		**Kleine Wörter**
quare	19	
intra	20	

5 Trimino

tendere
sacer

motus
memor

Hand
Himmel
idem

nicht(be)achten, vernachlässigen
quare
plenus

in Erinnerung an
cadere

überzeugen
magistratus

fallen
terra

drehen, wenden
caelum

voll
Erde, Land
vertere

Angst
manus

Amt; Beamter
deshalb
metus

sich anstrengen, spannen; (aus)strecken
Bewegung
neglegere

derselbe, der gleiche

denn, nämlich
geweiht, heilig
persuadere

1 Welche Lösung stimmt?

Bestimme, welche (satzwertige) Konstruktion enthalten ist.

1	Signo dato bellum incepit.	AcI P	Part. coni. H	Abl. abs. O
2	Caesar iram senatorum non timens curiam intravit.	AcI O	Part. coni. P	Abl. abs. L
3	Aeneas urbem perire vidit.	AcI H	Part. coni. L	Abl. abs. O
4	Familia uxore damnata doluit.	AcI I	Part. coni. L	Abl. abs. A
5	Terra mota homines clamaverunt.	AcI P	Part. coni. A	Abl. abs. H
6	Ulixes pericula instantia superavit.	AcI L	Part. coni. S	Abl. abs. I
7	Nocte ineunte fures aes sustulerunt.	AcI A	Part. coni. H	Abl. abs. O
8	Romani hostes pulsos esse aestimaverunt.	AcI I	Part. coni. L	Abl. abs. H
9	Tauro[1] circum agros ducto sacerdos Martem deum coluit.	AcI S	Part. coni. O	Abl. abs. I
10	Pueri reprehensi corpora exercere student.	AcI I	Part. coni. P	Abl. abs. S
11	Nave fracta nautae perierunt.	AcI H	Part. coni. L	Abl. abs. A

Lösung:											
	10	3	8	4	1	6	7	2	5	9	11

[1] taurus *Stier*

2 Übung

Markiere jeweils den Ablativus-absolutus-Bereich und übersetze diesen auf zwei Arten.

1 Caesare interfecto populus Romanus magno dolore perturbatus est.

2 M. Antonio[1] funus Caesaris parante Brutus et Cassius ex urbe fugerunt.

3 Corpore Caesaris flammis[2] dato M. Antonius[1] testamentum[3] Caesaris populo nuntiavit.

4 Hominibus poenam[4] postulantibus M. Antonius[1] Bruto comitibusque institit.

5 Bruto comitibusque necatis M. Antonius a populo dux factus est.

[1]Mārcus Antōnius *röm. Politiker und Feldherr, 86 od. 83 bis 30 v. Chr.* [2]flamma *Flamme*
[3]testāmentum *Testament* [4]poena *Strafe, Rache*

3 Hürdenlauf

Hürde 1		Substantive
philosophia	1	
disciplina	2	
inopia	3	
modus	4	
patres (conscripti)	5	
pars	6	
funus	7	
Hürde 2		**Verben**
mutare	8	
exstinguere	9	
damnare	10	
resistere	11	
corrumpere	12	
incipere	13	
exercere	14	
reprehendere	15	
aestimare	16	
Hürde 3		**Adjektive**
necessarius	17	
acerbus	18	
Hürde 4		**Übersetze!**
orationibus Graecorum auditis	19	
periculis ingentibus instantibus	20	

4 Übersetzung

Odysseus und die Sirenen

1 Aliis imperatoribus domum redeuntibus Ulixes cum amicis diu per mare erravit.

2 Iterum atque iterum multi labores ei patriam desideranti instabant.

3 Sirenes, quae naturā et virgines et aves[1] erant, insulam[2] incolebant[3] et carminibus nautas acerbe perturbabant:

4 Viris carminibus corruptis navis iter neglegens in scopulis[4] insulae[2] fracta est.

5 Nave insulam[2] adeunte Ulixes, qui Sirenes videre cupivit, haec nautis imperavit:

6 „Amici, primo corpus meum vinculis ad malum[5] constringite[6]! Deinde aures[7] vestras cera[8] claudite! Hoc modo virgines sine laboribus fugiemus."

7 Et profecto: Ulixes carmina pulchra animadvertens ad insulam[2] pervenire voluit.

8 Duce suppliciter orante nautae nihil audientes insulam[2] celeriter reliquerunt.

[1] avis, avis f *Vogel* [2] īnsula *Insel* [3] incolere *bewohnen* [4] scopulus *Klippe*
[5] mālus *Schiffsmast* [6] cōnstringere *festbinden* [7] auris, auris f *Ohr* [8] cēra *Wachs*

5 Trimino

- patres (conscripti) / aestimare / exstinguere
- Mangel, Not / lehren, unterrichten
- anfangen, beginnen / kritisieren, wieder aufgreifen
- disciplina / necessarius
- reprehendere / pars
- acerbus / Disziplin, Lehre
- docere / Richtung, Seite, Teil / Senatoren
- sich üben, trainieren; quälen
- Art, Weise; Maß / notwendig
- exercere / resistere / incipere
- einschätzen, beurteilen / bitter, grausam, rücksichtslos
- auslöschen, vernichten / modus
- stehen bleiben; Widerstand leisten / inopia

1 Übung

Übersetze jeden der Sätze auf drei verschiedene Arten (Adverbialsatz, Präpositionalausdruck, Beiordnung).

1 Troia exstincta Aeneas patriam novam quaesivit.

2 Multis navibus amissis tandem ad urbem Carthaginem pervenit.

3 Nuntio Iovis accepto Carthaginem reliquit.

4 Didone dolente Aeneas officio suo paruit.

5 Hostibus superatis novam urbem condidit.

2 Welche Lösung stimmt?

Wähle die richtige Übersetzung aus.

1	Antigona invita	nach Ansicht Antigones C	gegen den Willen Antigones D	da Antigone einverstanden war G
2	Caesare Romam relinquente	da Cäsar Rom verließ P	nachdem Cäsar Rom verlassen hatte R	weil Cäsar Rom verlassen wollte S
3	dolo cognito	nachdem der Schmerz erkannt worden war N	die erkannte List P	... die List wurde erkannt und deshalb ... O
4	senatore auctore	der Senator wurde veranlasst R	der Senator als Autor T	auf Veranlassung des Senators S
5	Iulia deos obsecrante	während Julia die Götter anflehte I	als Julia die Götter angefleht hatte G	Julia flehte die Götter an. Danach ... L
6	urbe nova condita	vor der Gründung der neuen Stadt T	nach der Gründung der neuen Stadt U	bei der Gründung der neuen Stadt V
7	exercitu victo	obwohl das Heer besiegt worden war E	trotz des Sieges des Heeres F	nachdem das Heer gesiegt hatte D

Lösung:

3	7	1	5	2	6	4

3 Übersetzung

Orestes

Orestes (Orestēs, is m), der Sohn des Agamemnon (Agamemnōn, onis m) und der Clytaemnestra (Clytaemnēstra, ae f), begeht aus Verzweiflung über die Untaten seiner Mutter, die diese zusammen mit ihrem Liebhaber Aegisthus (Aegisthus, ī m) begangen hat, ein grauenhaftes Verbrechen:

1 Bello Troiano confecto etiam Agamemnon, dux Graecorum[1], domum rediit. Ibi uxor eius, Clytaemnestra, de reditu[2] mariti desperans amore Aegisthi capta erat.

2 Consilio crudeli capto ambo Agamemnonem redeuntem interfecerunt.

3 Orestes autem, filius Agamemnonis et Clytaemnestrae, flagitio commotus decrevit eos, qui patrem occiderant, punire[3]. Primo autem patriam reliquit.

4 Patre occiso et Aegistho rege facto sorores Orestis diu reditum fratris exspectabant. Quae iam de salute desperantes putabant Orestem interfectum esse.

5 Tandem Orestes in patriam rediit; matre occisa paulo post etiam Aegisthum necavit.

6 Orestes autem, quod matrem suam interfecerat, a Furiis[4] timore ingenti agitatus et perterritus est.

[1] Graecus *der Grieche* [2] reditus, ūs m *Rückkehr* [3] pūnīre *bestrafen* [4] Furia *Furie*

4 Hürdenlauf

Hürde 1		Substantive
aditus	1	
exercitus	2	
flagitium	3	
honor	4	
mens	5	
lex	6	
custos	7	
facinus	8	
socius	9	
Hürde 2		**Verben**
occidere	10	
colligere	11	
cavere	12	
impetrare	13	
constituere	14	
condere	15	
obsecrare	16	
obtinere	17	
Hürde 3		**Adjektive**
difficilis	18	
invitus	19	
Hürde 4		**Nicht verwechseln!**
audere	20	
audire	21	

5 Trimino

honor
colligere

Gefährte, Verbündeter
honestus

schwierig
niederschlagen, töten
obtinere

facinus
aditus

sammeln
lex

Geist, Sinn, Verstand; Meinung
audere
custos

sich hüten (vor), Vorsorge treffen

Gesetz, Bedingung
impetrare

ungern, gegen den Willen
difficilis

Zugang
Ehre, Ehrenamt
mens

festsetzen, beschließen
occidere

angesehen, ehrenhaft
wagen
invitus

verwahren, verbergen, bestatten

Wächter(in)
erreichen, durchsetzen
constituere

(in Besitz) nehmen, (besetzt) halten
cavere
condere

Handlung, Untat
socius